KB200194

아버지가 변하면 아들이 변한다

아버지가 변하면 아들이 변한다

지은이 · 오운철
초판 발행 · 2018. 7. 18
2쇄 발행 · 2018. 08. 13
등록번호 · 제1988-000080호
등록된 곳 · 서울특별시 용산구 서빙고로 65길 38
발행처 · 사단법인 두란노서원
영업부 · 2078-3333 FAX080-749-3705
출판부 · 2078-3331

책 값은 뒤표지에 있습니다.
ISBN 978-89-531-3202-3 03230

독자의 의견을 기다립니다.
tpress@duranno.com   http://www.Duranno.com

두란노서원은 바울 사도가 3차 전도여행 때 에베소에서 성령 받은 제자들을 따로 세워 하나님의 말씀으로 양육하던 장소입니다. 사도행전 19장 8-20절의 정신에 따라 첫째 목회자를 돕는 사역과 평신도를 훈련시키는 사역, 둘째 세계선교(TIM)와 문서선교(단행본·잡지) 사역, 셋째 예수문화 및 경배와 찬양 사역, 그리고 가정·상담 사역 등을 감당하고 있습니다. 1980년 12월 22일에 창립된 두란노서원은 주님 오실 때까지 이 사역들을 계속할 것입니다.

아버지가
변하면 _____

아들이
변한다

오운철 지음

방황하는
자녀의

아름다운
회복

두란노

차례

가슴 깊이 파고드는 이야기

저자가 쓴 글은 고통 중에 만들어진 보석이다. 깊은 어두움 속에 임한 빛이다. 아들의 변화를 위해 기도하다가 아버지가 변화한 이야기다. 아버지가 변화되면서 아들도 변화된 스토리다. 저자가 자녀 때문에 겪었던 아픔과 무겁게 짓눌렸던 짐은 모든 부모가 느끼는 아픔이요 짐이다. 그런 까닭에 저자의 글이 가슴 깊이 파고든다. 남의 이야기가 아닌 나의 이야기를 읽는 느낌이다. 함께 가슴 아파하고, 함께 두려워하고, 함께 고민하게 만든다.

자녀의 문제는 고통을 주지만, 동시에 통찰을 주기도 한다. 우리는 자녀를 통해 자기 자신을 정직하게 들여다보게 된다. 자녀는 우리의 거울이다. 우리는 자신을 스스로 볼 수 없게 만들어졌다. 그런 까닭에 자녀를 통해 자신을 본다. 자녀에게는 우리 유전자가 담겨 있다. 우리의 유전자가 변화를 경험할 때, 자녀의 유전자도 변화를 경험한다. 이것은 과학을 넘어선 신비다.

신비롭게도 부모가 변화하는 만큼 자녀도 변화한다. 자녀는 하나님이 부모를 변화시키기 위해 주신 선물이다. 그래서 때로는 자녀의 문제가 우리를 변화시키는 은총의 도구가 된다.

이 책은 자녀를 둔 부모에게 공감과 울림을 주는 이야기들로 가득 차 있다. 이 책은 머리에서 나온 이론서가 아니라 삶을 통해 터득한 것을 기록한 경험서이자 지혜서다. 이 책에는 아버지와 자녀가 함께 변화되는 중에 발견한 소중한 원리들이 담겨 있다. 부모와 자녀를 함께 변화시킨 소중한 도구인 다양한 책들도 만나게 된다. 이 책은 절망이 어떻게 희망으로 바뀔 수 있는가를 보여 준다. 고통에는 나름대로 뜻이 있음을 보여 주며, 우리로 하여금 하나님을 바라보도록 도와준다.

나는 이 책에 나오는 모든 사건의 산 증인이다. 그래서 확신을 가지고 이 책을 추천한다. 이 책은 특별히 아버지들을 위한 책이다. 하지만 모든 부모가 함께 읽어야 할 책이기도 하다. 이 책을 통해 자녀의 변화를 위해 기도하는 부모들의 삶에 큰 변화와 큰 은혜가 임하길 기도한다.

강준민_새생명비전교회 담임목사

사춘기 아들을 변화시킨 열쇠

아버지 노릇 하기 힘들다. 특히 사춘기 아들의 아버지로 살기는 더 어렵고 힘들다. 사실, 아이들이 사춘기가 되기 전까지는 아버지 노릇이 어려운 줄 몰랐다.

엄마 아빠로서 좋은 부부 관계를 보여 주었고, 아이들을 끊임없이 격려해 주었다. 바쁜 시간을 쪼개어 가족 여행을 떠났고, 아이들에게 필요한 것을 부족함 없이 잘 공급해 주었다. 부모가 맞벌이하느라 미처 챙기지 못하는 부분은 할머니와 고모가 채워 주게끔 했다. 넓은 집에서 살게 했고, 좋은 학군의 학교에 보내 주었다. 목회자의 자녀로서 신앙 안에서 잘 자라도록 가족예배 드리기를 게을리 하지 않았고, 교회의 모든 프로그램에 참여하게 하여 신앙 교육에 힘썼다. 이처럼 자녀에게 좋은 환경과 양질의 교육을 제공하려고 무던히도 애쓰며 살아왔다. 그런 만큼, 자녀 양육에 자부심을 느끼기까지 했다.

그런데 아들이 고등학교에 입학하면서부터 나의 자부심

과 기대는 완전히 무너지고 말았다. 한번 삐끗하고 나더니 계속해서 엇나가기만 했다. 결국, 돌이키기 어려운 지경에까지 이르렀다. 화목했던 가정이 살얼음판에 놓인 듯 긴장감에 싸여 위태로워졌다. 마음속에 염려가 가득해졌고, 절망감이 몰려왔다.

날마다 울며 부르짖어 기도했다. 그 덕분에 얼마간 괜찮아지는가 싶다가도 다시 나락으로 떨어지기를 몇 번이나 반복했다. 롤러코스터 같은 하루하루를 살아야 했다. 기도하고 또 기도해도 소망이 보이지 않았다. 그렇게 몇 년을 살다 보니 무력감을 느낄 수밖에 없었고, 모든 수고와 노력이 수포로 돌아가는 것만 같았다. 나와 아내는 탄식하며 기도할 수밖에 없었다.

그러나 마침내 칠흑 같은 어두움 속에 한 줄기 빛이 보이기 시작했다. 하나님이 은혜로 역사하시기 시작했다. 은혜의 시작은 고난 속에서 깨어지는 것이었다. 아들보다 아버지인

내가 먼저 변화해야 한다는 것을 일깨워 주셨다. 내가 변화하면, 아들도 변화된다는 것을 알게 하셨다. 사람을 붙여 주시어 아버지의 역할에 관한 조언을 받게 해 주셨다.

문제해결의 단초를 발견한 나는 관련 자료를 찾아 읽으며 연구했다. 책을 읽는 가운데 많은 은혜를 맛보았다. 책을 통해 생각을 바로잡고, 바꿀 수 있었기 때문이다. 또한, 사랑의 지경을 넓힐 수 있었다. 질풍노도의 시기를 보내는 사춘기 자녀를 훈육하고 경계를 가르치려면, 용납하는 사랑뿐 아니라 거친 사랑(tough love)도 필요함을 배웠다.

나의 부족함을 인정하고, 주변에 중보기도를 청하는 가운데 끝까지 변화해 갈 힘을 얻었다. 아들에게 집중적인 사랑과 관심을 쏟으며 인내하고 견뎠다. 아들 덕분에 느지막이 아버지 학습을 하게 되었다. 돌아보니, 모든 고난과 절망과 탄식이 하나님의 섭리 안에서 베풀어 주신 은혜임을 깨닫는다. 이것을 깨닫는 데 수년이 걸렸다.

사실, 나는 아버지의 역할에 관해 배운 적이 없었다. 자라면서 내 아버지에게서 배울 기회가 없었다. 누구에게서도 사춘기 자녀를 양육하는 법을 배우지 못했다. 심지어 영적인 부모에게서도 이것만은 따라 할 본을 배우지 못했다. 그런데 나의 형편을 잘 아시는 주님이 늦게나마 친히 나를 가르치시고, 내 부족함을 메꾸어 주셨다. 고난을 통해, 사람을 통해, 책을 통해 그리고 기도와 말씀을 통해 가르쳐 주셨다. 구원을 주시는 하나님의 은혜가 내게 나타나, 나를 양육해 주시고, 내 자녀를 양육할 길을 보여 주셨다(딛 2:11~12).

고난과 함께 심령이 깨어지자, 하나님이 주시는 소망이 내 안에서 싹트기 시작했다. 그때 "내가 키우리라" 하시는 하나님의 조용한 음성이 들려왔다. 그것은 확신을 주는 내적인 음성이었다.

은혜는 복음을 다시금 새롭게 깨닫게 하심으로써 절정에 달했다. 그동안 목회자로서 연구하며 설교해 온 복음이 새롭게 다가왔다. 모르는 사이에 구태에 젖어 있던 나를 발견하고는, 주님 앞에 엎드려 울며 회개했다. 성령이 깨닫게 해 주신 것이다. 회개함으로써 말할 수 없는 기쁨을 되찾았다. 한층 맑아진 눈으로 주님을 바라볼 수 있게 되었다. 문제보다 크신 주님을 바라보니, 염려와 근심이 자연스럽게 사라지고 자유함이 밀려왔다.

그때부터 아들의 삶에도 진정한 변화가 일어나기 시작했다. 아들과의 관계가 회복되기 시작하자 가정에도 평화가 찾아왔다. 아들 요한이는 어두움에서 나와 빛 가운데로 걷기 시작했다. 하나님이 약속하신 대로 신실하게 일해 가시는 것을 알 수 있었다. 주님은 아버지인 나의 믿음을 새롭게 하신 후에 아들을 고쳐 나가셨다. 이것이 주님의 방법임을 분명히 알았다.

내 안에 뚜렷한 변화가 일어났다. 우선 기도가 달라졌다. 간구 중심에서 감사 중심의 기도로 달라진 것이다. 먼저 하나님의 주권을 인정하고, 신뢰하는 가운데 감사와 찬양을 드리는 기도를 드리게 되었다. 중보기도에 관한 분명한 확신이 생긴 것도 큰 변화요 소득이다. 복음에 관한 확신과 복음 전파에 대한 열정도 새로워졌다. 사람의 연약함을 이해하고, 다른 사람의 말에 귀 기울이며 공감할 줄 아는 사람이 되었다. 매사를 염려 대신에 소망의 눈으로 바라보게 되었다.

"이 모든 일에 전심전력하여 너의 성숙함을 모든 사람에게 나타나게 하라"(딤 4:15) 하신 말씀에 따라 내가 받은 은혜를 자녀 양육에 어려움을 겪는 아버지들과 나누어야 할 책임을 느껴 이 책을 썼다. 예수 그리스도 안에 있는 모든 아버지에게 조금이나마 도움이 되기를 바라는 마음이다.

엄마로서 최선을 다해 살아온 아내에게 감사하다. 아내는 고난 중에도 좋은 동반자로서 함께 걸으며 많은 조언을 해 주었다. 또한, 이 책을 쓰도록 격려해 주며, 다양한 아이디어를 내 주었다. 어려움 중에도 오히려 성숙한 믿음의 성장을 보이며 부모를 격려해 준 딸 은영이에게도 감사하다.

아들 요한이를 한결같은 마음으로 소망 가운데 바라보며 격려해 주신 강준민 목사님과 사모님께 감사 드린다. 멀리서 금식하며 기도해 주시고, 약속의 말씀을 통해 격려해 주신 변희관 목사님과 사모님께도 감사드린다. 중보해 주신 새생명 비전교회 여러 목회자들과 성도들, 그리고 세계로선교회 형제자매들에게도 감사하다. 무엇보다도 자신의 문제를 극복하고자 애쓰며, 변화의 역사에 동참하고, 계속 전진하는 삶을 보여 준 아들 요한이에게 감사하다.

이 책이 출판되도록 도움과 수고를 아끼지 않으신 강준민 목사님과 두란노서원 가족에게 감사 인사를 전한다. 마지막으로 모든 과정을 함께하며 아름다운 일들을 이루어 주신 하나님께 큰 감사와 영광을 올려 드린다.

2018년 7월

LA에서 오운철

1.

사춘기 아들의

상상을 초월한

방황

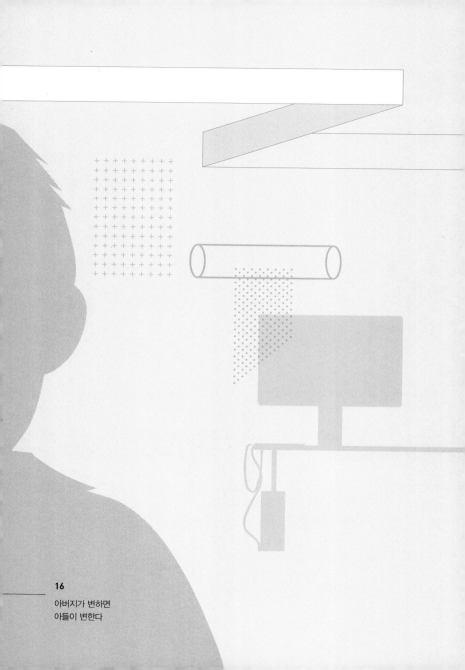

아버지가 변하면
아들이 변한다

아내가 아들의 책상에서
담배를 발견하고는
깜짝 놀랐다.

      확인해 보니, 요한이가 피운 담배가
맞았다. 이제 겨우 열여섯 살 된 아이가 담배를 피우다니….
그것도 목사의 아들이…. 나와 아내는 적잖이 당황했다.

    아내는 요한이를 달래기도 하고, 이전 사역지인 중국으로
돌아갈 것이라고 협박 아닌 협박도 하면서 담배를 끊게 하려
고 애썼다. 그러나 잠시 끊는 듯하다가도 다시 피우겠다며 고
집을 부렸다. 아예 대놓고 피우기도 했다. 성격마저 날로 거
칠어져 갔다.

그해 크리스마스 무렵이었다. 어느 날, 아들이 내게 대드는 것을 보다 못한 할머니가 손을 들고 혼내려 하자 요한이가 소리 지르며 폭발했다. 고래고래 악을 쓰며 할머니에게 욕설을 퍼부었다.

며칠 후, 요한이와 딸 은영이가 교회 수련회를 떠나기로 되어 있었다. 그날 아침에도 담뱃재를 아무 데나 버리는 것을 참지 못한 할머니가 훈계하자 요한이가 다시 한 번 감정을 이기지 못하고, 괴성을 지르며 폭발했다. 할머니에게 심한 욕설을 퍼붓더니 경찰에 전화까지 했다. 우리는 요한이가 동생과 다투다가 홧김에 전화한 것이라고 경찰에게 둘러댈 수밖에 없었다. 경찰이 돌아간 후에 요한이를 차에 태워 교회에 데려다 주었고, 요한이와 은영이는 수련회를 떠났다.

집으로 돌아오는 길에 마음속에 먹구름이 드리워졌다. 짙은 어둠이 계속해서 나를 짓눌렀다. 그 중압감이 오래도록 가시지 않았다. 그 무거운 짐을 주님 앞에 차마 내려놓지 못하고, 몇 년간 짓눌린 채로 지내야 했다. 솔직히 어떻게 내려놓아야 할지 몰라서 더욱 쩔쩔맸다.

아들의 방황보다도 그 문제를 다루는 지혜가 없다는 것이 더 큰 문제였다. 나의 지혜 없음이 문제의 핵심이었음을 나중에야 깨닫게 되었다.

나는 어려서부터 부모님이나 선생님이나 이웃 어른들 앞에서 항상 예의 바르게 행동하며 자라 왔다. 설사 어른들이 나를 부당하게 대할지라도 고개를 쳐 들고 따져 본 적이 거의 없었다. 그런데 내 아들이 사춘기에 접어들자 갑자기 반항적이 되어서 입에 담을 수도 없는 욕설을 퍼붓는 것을 보니 참담해졌다. 신문이나 방송에서 가끔 들었던 반항아의 이야기가 우리 집에서 현실이 된 것이다. 그것도 온유하고 조용한 성품의 목회자 가정에서 자란 아이가 말이다. 자녀 교육에 실패했다는 생각에 자괴감이 들기 시작했다.

요한이가 수련회에 참석하는 동안에, 우리 부부는 놀란 가슴을 추스르느라 아무 말도 할 수 없었다. 요한이가 집에 돌아오자 아내는 아이를 방에 데려가 할머니는 아빠의 엄마이자 집안의 뿌리가 되시는 어른임을 가르쳤다. 다행히도 저녁에 요한이가 할머니에게 사과했고, 함께 예배를 드림으로써 일이 잘 마무리되는 듯했다.

하지만 문제는 이제부터였다. 요한이의 학교 성적이 계속해서 바닥을 향했다. 고 1에 해당하는 9학년 때는 두 학기 내내 거의 모든 과목의 성적이 A였다. 그런데 10학년이 되면서 심화학습 과정(Advanced Placement, AP)을 두 과목이나 신청하고서는 따라가지 못해 벅차했다. 결국 포기하다시피 1학기를 끝내고 말았다.

요한이는 2학기부터는 마음을 다잡고 열심히 공부하려고 했지만, AP 과목은 따라잡을 수가 없었다. 일단 신청하면 취소가 불가능한 AP 과목들은 포기해야 했다. 성적이 떨어지니 대학 진학에 빨간불이 들어왔다.

낙담한 요한이가 학교 수업을 빠지기 시작했다. 집에서 학교까지 걸어서 5분 거리인데 결석이 잦아졌다. 우리 부부는 교회에서 새벽 예배를 드리고, 교대로 집에 돌아와 아이를 태워 학교에 보내곤 했다. 그런데도 요한이가 학교를 빠지는 날이 점점 많아졌다.

학교에서 부모를 찾았다. 교장 선생님이 회의를 소집한 것이다. 상담 교사와 과목 선생님도 참석했다. 요한이가 수업에 집중하지 않고, 학습 태도가 좋지 않았던 탓이었다. 선생님들이 학교에서 벌어진 상황을 부모에게 설명해 주며 어떻게 해서든 요한이의 학업을 도우려 했다. 그런데도 요한이는 막무가내로 도움을 거부했다.

나중에서야 안 이야기지만, 그 무렵에 친구 P를 만나기 시

아버지가 변하면
아들이 변한다

작했다. P가 먼저 요한이에게 다가왔고, 우리 가족과 함께 교회에 다니기도 했다. 성경책을 들고 다녀서 신앙이 좋은 아이인 줄로만 알았다. 그런데 그게 아니었다. P는 이미 담배를 피우고, 마리화나도 하고 있었던 아이였다. 요한이는 P를 교회로 인도하여 변화시켜 보려 했지만, 오히려 자신이 동화되어 버리고 말았다.

어느 날 요한이가 집에 들어오지 않았다. 간호사인 아내는 야간 근무를 마치지 못하고 중간에 귀가했다. 밤새 요한의 친구들에게 연락해 봤지만, 행방을 알 수 없었다.

다음 날 아침 요한이가 아무 일 없었다는 듯이 집에 들어왔다. 팔에 문신이 새겨져 있었다. 집에 들어온 것만으로도 안심해야 했다.

요한이가 집에 들어오지 않았다는 소식을 듣고, 집으로 향하는 길에 차 안에서 나는 간절히 기도했다. 제발 아이가 돌아오게 해 달라고 울부짖으며 기도했다. 운전석에 앉아 고래고래 소리 지르며 기도하는데, 갑자기 마음속에 평안이 찾아왔다. 걱정하지 말라는 하나님의 음성이 들리는 듯했다. 곧 아내에게서 요한이가 집에 들어왔다는 전화가 왔다. 어려움 중에도 그때그때, 그날그날의 은혜가 있음을 알았다.

사춘기 아들의 상상을 초월한 방황

우리 부부는 항상 긴장하며 지내야 했다. 우리 대화는 주로 "오늘, 요한이는 학교에 갔어요?" 혹은 "요한이 집에 들어왔어요?" 하고 아들의 안부를 묻는 것이었다. 요한이의 일거수일투족에 온 관심을 기울였다.

다행스럽게도 하나님이 좋은 친구들을 붙여 주셨다. 학교에서 요한이와 함께 음악 하는 친구들이었다. 하나같이 부모에게 순종할 줄 아는, 밝고 착한 친구들이었다. 학교가 끝나면 함께 집에 와서 노래를 부르며 놀았다. 아이들이 스스로 작곡하고 연주하며 노래했다.

그 친구들과 어울릴 때는 요한이의 얼굴이 밝았다. 좋은 영향을 받고 있는 것이 분명했다. 그러다가도 담배와 마약을 하는 친구들과 어울릴 때는 어두워졌다. 요한이는 두 그룹의 친구 사이를 왔다 갔다 했다.

요한이는 나와 달리 음악적 재능이 있다. 작곡에 소질이 있어서, 요한이가 만든 곡이 수련회의 주제곡으로 선정되기도 했다. 랩도 곧잘 만들고 부르기도 했다. 그러자 요한이는 음악으로 대학에 진학하겠다는 마음을 가졌다. 우리도 자기 재능을 살리는 길이니만큼 밀어주고자 했다.

그런데 얼마 가지 않아 그것도 포기했다. 음악 하는 친구

22

아버지가 변하면
아들이 변한다

들과도 멀어지기 시작했다. 게다가 담배 하는 친구들과도 멀어졌다. 요한이는 혼자가 되었다. 점점 학업에 흥미를 잃어갔고, 학교에 가지 않는 날이 많아졌다. 결국, 11학년 1학기를 마친, 2012년 1월에 고등학교를 자퇴했다.

숨 막히는 고통

나는 가정불화가 심한 가정에서 불우하게 자랐다. 고등학교, 대학교 시절에 방황하긴 했지만, 어떻게든 학업에 충실했고, 대학교 과정을 끝까지 마쳤다. 심신이 만신창이가 될지언정, 해야 할 일이 있으면 끝까지 포기하지 않고 해냈다. 또한, 집에서나 사회에서나 반항적으로 굴지 않았다.

그리고 나는 결혼 후에 내 자녀들에게 불우한 가정환경을 물려주지 않기 위해 안간힘을 썼다. 주님 안에서 좋은 가정을 이루고 싶었다. 칭찬과 격려로 자녀를 정서적으로나 영적

아버지가 변하면
아들이 변한다

으로 건강하게 키우고자 노력해 왔다. 요한이가 방황한다는 면에서는 나와 닮았지만, 어려움을 대처하는 방식은 나와 전혀 달랐다. 어려움에 부딪히면 쉽게 포기하고, 뜻대로 안 되면 반항하기 일쑤였다. 지금까지의 모든 노력이 허사로 돌아간 것 같아 심히 고통스러웠다.

기도밖에 의지할 곳이 없었다. 우리 힘으로 어찌할 수 없는 것을 알고, 끊임없이 기도했다. 이 시기가 30년 신앙생활 동안 가장 간절히 기도한 기간이었다. 그야말로 필사적으로 기도했다. 처음 믿음을 가졌을 때나 이때나 나의 무기는 오로지 끊임없는 기도였다. 무시로 습관적으로 하나님 앞에 도움을 구하는 것이 고난 앞에서 내가 할 수 있는 전부였다. 이번에도 마찬가지로 약속의 말씀을 붙들고, 주님께 매달렸다.

나 자신이 어려울 때보다 자녀가 어려울 때 기도가 더 간절해진다는 것을 알았다. 이것이 부모의 마음이며, 부모 된 자로서 당연한 일임을 깨달았다. 하지만 나는 아들의 방황을 견딜 수가 없었다. 반면에 아내는 나보다 훨씬 더 침착했고, 믿음으로 반응했다. 나는 겉으로는 요동치 않는 것처럼 보였지만, 속은 타들어 갔고, 숨 막히는 고통을 느끼며 기도해야 했다.

아들의 상황을 멘토이신 변희관 목사님께 알려 드렸더니 이사야서 49장 24~25절 말씀을 나누어 주셨다. 그때부터 나는 그 말씀을 붙들고 기도했다.

> 24 용사가 빼앗은 것을 어떻게 도로 빼앗으며 승리자에게 사로잡힌 자를 어떻게 건져 낼 수 있으랴 25 여호와가 이같이 말하노라 용사의 포로도 빼앗을 것이요 두려운 자의 빼앗은 것도 건져 낼 것이니 이는 내가 너를 대적하는 자를 대적하고 네 자녀를 내가 구원할 것임이라 사 49:24~25

악한 영의 세력에게 빼앗기고, 악한 영에 사로잡힌 내 자녀를 건져 주실 것을 바라보며 기도했다. 요한이를 영적으로 정신적으로 구원해 주실 하나님을 바라봤다.

그러나 과연 이 기도가 응답될까 하는 의구심이 일어나는 것을 어찌할 수 없었다. 무거운 짐을 내려놓지 못한 채로 계속 기도했다. 마음의 부담이 계속 가중되었다. 안타까운 마음으로 방황하는 아들의 모습을 바라봐야 했다.

아들의 작은 결심

고등학교를 자퇴한 요한이는 곧바로 한국의 검정고시에 해당하는 캘리포니아 고교 과정 이수 시험(California High School Proficiency Examination, CHSPE) 준비에 들어갔다. 이때까지 주일과 수요일은 성실하게 교회에 다녔다. 해마다 가는 해외 단기 선교를 다녀오기도 했다.

고등학교를 자퇴한 2012년 초에 중고등부 수련회가 있었다. 수련회가 끝나자 교육부 담당 허은 목사가 내게 오더니 요한이가 하나님께 헌신을 맹세했다고 귀뜸해 주었다. 수련회에서 설교 시간에 하나님께 자신을 드릴 사람은 자리에서 일어나라고 했더니 요한이와 윌리엄이 일어섰다는 것이다.

나는 요한이가 어려운 환경을 통해 드디어 하나님을 만났나 보다 하며 내심 기뻐했다. 그 후에 요한이에게 물었더니, 겸연쩍어하며 발가락이 간지러워서 할 수 없이 일어났다고 했다. 하나님께 헌신하겠다는 뜻은 아니었다는 것이다. 어쩌면 불안한 마음에, 잠시나마 하나님을 의지하고자 했는지도 모른다. 어떤 이유에서건, 나는 요한이의 이 작은 결심을 예사롭지 않게 받아들였고, 늘 기억했다.

요한이는 CHSPE 시험을 한 번에 통과했다. 그러고는 파사데나 시립대학(Pasadena City College)에 합격하여 가을 학기에 등록했다.

그러던 중 늦은 봄, 어느 주일 새벽에 요한이가 고등부 담당 조 전도사의 집을 찾아갔다. 전날 밤에 요한이가 조 전도사에게 전화를 걸어 상담을 요청했다. 헨리 나우웬의 《탕자의 귀향》을 읽다가, 자신이 탕자와 같음을 깨닫고, 회개한 요한이가 조 전도사에게 믿음이 더해지도록 도와달라고 했다. 조 전도사는 자기 집에서 요한이와 일주일간 함께 생활하며 신앙생활을 돌봐주었다.

나는 하나님께 큰 감사를 드렸다. 그동안의 기도가 이렇게 응답되는구나 하고 생각했다. 여느 간증에서처럼, 아들이 방황 끝에 주님을 만나서 악한 길에서 돌이켜 새로운 생활을 시작한다는 생각에 기뻤다. 지난 2년간 느꼈던 긴박감이 풀리고, 마음의 짐이 사라지는 듯했다.

일주일이 지나자 요한이는 조 전도사의 집에서 나와 석 목사가 이끄는 어린이 해외 단기 선교팀에 교사로 등록했다. 선교 훈련을 받고, 한국에서 열리는 여름성경학교(VBS) 단기 선교 프로그램에 참가하기로 했다. 기간 내내 인솔자의 말을 잘 듣지 않았다는 이야기를 들었지만, 그래도 선교를 마치고 돌아온 모습을 보니 새롭게 살고자 하는 것 같아서 다행이라고 생각했다.

선교 여행을 다녀오자마자 곧바로 파사데나 시립대학에 입학했다. 그리고 학업에 열중했다. 시간이 나면, 교회 장로 님이 운영하는 의료기기 가게에서 아르바이트도 했다. 첫 학기 성적은 매우 우수했다. 교회도 열심히 다녔고, P와는 만나지 않았다. 음악 하는 친구들과도 만나지 않고, 오로지 공부에 전념했다. 지난 2년간 피워 온 담배를 끊겠다고 결심하기도 했다. 실제로 끊는 모습을 보니 대견스러웠다. 이제 좋은 시절이 오는구나 싶었다.

마리화나를 끊게 되다

두 번째 학기가 중반을 지날 때였다. 요한이가 다시 한 번 우리를 놀라게 했다. 얼마 전부터 마리화나를 피우기 시작했는데, 공부에 방해되니 끊고 싶다고 했다. 우리에게 끊는 과정을 도와달라고 했다. 요한이가 담배는 피워도 약은 하지 않는 것으로 알고 안심해 왔는데, 마리화나에 손을 댔다니 적잖이 놀랐다. 사실, 당시에 어울려 다니던 친구들이 모두 담배와 마리화나를 했기에 요한이만 하지 않기는 불가능한 일이었다.

요한이는 약을 끊는 프로그램이 2주 정도 걸리니 수강 신청한 네 과목 가운데 어려운 두 과목은 취소하고, 집에서 쉬며 회복에 집중하겠다고 했다. 그리고 자기 말대로 2주에 걸쳐 마리화나를 스스로 끊었다. 이후로는 마리화나에 손을 대지 않았던 것 같다.

나중에 안 사실이지만, 1년 전 한밤중에 조 전도사에게 전화를 걸어 상담을 요청했을 때도 실은 마리화나를 피우고 있었다. 갑자기 두려움에 사로잡히게 된 요한이가 조 전도사에게 도움을 청했던 것이다. 당시에 요한이가 읽고 있던 책, 《탕자의 귀향》이 영향을 끼쳤던 것 같다. 아마도 천사가 더 이상 엇나가지 않도록 주의를 준 것이 아닐까 하는 생각이 든다. 하지만 하나님이 개입해 주셨음에도 불구하고, 요한이는 온전한 회개에 이르지는 못했다.

어쨌든 요한이는 마리화나를 끊고, 다시 정상적인 생활로 돌아왔다. 그다음 학기는 열심히 공부해서 4.0 만점에 3.7의 성적을 거두었다. 자신의 가능성을 스스로 확인한 요한이는 이제 UCLA에 편입하려는 계획을 세웠다. 집안이 평안했다. 이대로 지속되는 것 같았다.

4학기가 시작되었다. 다른 학생들과 교제하지 않고, 공부만 하며 혼자 학교에 다니는 것은 참 외로운 일이다. 그래도 조금만 더 노력하면, 편입에 성공하여 원하는 대학 생활을 누릴 수 있었다. 요한이는 그런 시점에 놓여 있었다.

그 무렵에 동생 은영이가 진학할 대학이 정해졌다. 은영이는 오빠의 방황을 반면교사로 삼아 하나님을 의지하는 법을 일찌감치 익혔다. 하나님을 인격적으로 만나는 경험도 했다. 부모의 신앙 지도를 잘 따랐고, 고등학교 생활을 무사히 잘 마쳤다.

은영이는 9학년 초부터 패션디자인 분야로 진로를 정하고, 미술을 배우며 4년에 걸쳐 대학 입학 준비를 차분히 진행했다. 패션디자인계의 3대 명문 대학들에 원서를 냈는데, 모두 합격했을 뿐만 아니라 장학금 제안까지 받았다. 은영이는 부모를 떠나 뉴욕에서 스스로 신앙생활을 해 보고 싶다고 했다. 그리고 무엇보다도 자신에게 맞는 대학을 선택하겠다고 했다.

마침내, 가장 유명한 뉴욕의 파슨스 디자인 스쿨(Parsons The New School for Design) 대신에 브루클린의 프랫 인스티튜트(Pratt Institute)를 선택했다. 캠퍼스가 없는 파슨스보다는 캠퍼스도 있고, 장학금을 많이 주겠다고 한 프랫이 낫다고 생각한 것이다. 총장 장학금을 받고, 큰 축하를 받으며 입학했다. 우리는

아버지가 변하면
아들이 변한다

은영이의 깊은 생각과 신중한 선택이 매우 건강하고, 지혜로워서 기뻤다.

은영이는 교회에서도 성실하게 섬기는 칭찬받는 학생이었다. 아내의 딸 교육은 제자 삼는 사역의 일부와 같았다. 좋은 제자를 키우고 있었던 것이다.

은영이의 대학이 정해지자, 요한이는 축하하면서도 한편으로는 비교가 되는지 자주 화를 했다. 때로는 밥상을 뒤엎기도 했다. 게다가 교수의 까다로운 지도를 따라가기 힘든 과목이 있어서 괴로워했다. 결국, 그 과목의 수강을 취소하겠다고 했다. 끝까지 해낼 것을 권면했지만, 결국 시립대학 학업도 포기하고 말았다.

사춘기 아들의 상상을 초월한 방황

게임에 푹 빠진 아들

요한이는 공부를 포기하고, 게임을 하기 시작했다. 밤새워 게임하면서 점차 학교에는 가지 않게 되었다. 다른 과목들도 줄줄이 포기했다. 그때부터 2개월간 집에서 두문불출한 채로 밥 먹고 게임만 했다. 학교도 가지 않았고, 교회도 가지 않았다.

게임에 빠진 자녀의 이야기를 많이 들었는데, 내 아들이 그런 아이가 된 것이다. 잠시 누렸던 평안이 간데없이 사라지고, 더 큰 걱정과 염려가 밀려들었다. 꼼짝 않고 아침부터 밤까지 게임만 하는 자녀를 바라보는 부모의 심정은 말로 표현할 수가 없다. 아무리 말해도 도무지 듣지 않았다. 모든 것을 포기한 아이 같았다.

교회 사무실에 나가서도, 요한이의 생각을 한순간도 떨칠 수가 없었다. 수시로 밖으로 나와 거리를 거닐며 기도하고 또 기도했다. 다른 생각은 아무것도 할 수가 없었다. 요한이에 대한 집착이 건강한 것이 아니라는 것을 알고 있었다. 염려, 불안, 걱정뿐이었기 때문이다. 아무리 기도해도, 부정적인 생각에서 벗어날 수 없는 자신을 보며 탄식했다.

나의 유일한 무기인 기도하는 것 외에는 별다른 해결책이 없었다. 말씀을 붙잡고 간절히 기도하면, 잠시 평안이 찾아왔다. 아내와 대화하거나 방황하는 자녀를 둔 사람들과 경험담을 나눌 때도 잠시 평안했다. 그러나 도저히 움직일 것 같지 않은 현실 앞에서 나는 번번이 염려의 상태로 돌아가곤 했다.

모든 생각이 요한이에게 집중되어 있었고, 거기에서 한 치도 나아가지 못했다. 지나치게 많이 생각하는 것 자체가 염려였다. 어쩌면 생각이 많은 것보다 생각이 고착된 것이 더 문제였다. 한 가지 문제에 눈이 고정되다 보니 예수님이 보이지 않았고, 아무런 해결책도 눈에 들어오지 않았다. 예수님께 마음을 고정할 수 없고 하나님과 그 약속들을 신뢰할 수 없었다.

사춘기 아들의 상상을 초월한 방황

그러다 사전에서 '염려'라는 단어를 찾아봤다. 생각 염(念)과 생각할 려(慮)가 합쳐진 단어다. '려'에는 '생각하다'뿐 아니라 '속을 태우다, 어지럽게 하다'라는 뜻도 있다. 종합해 볼 때, 염려는 "지나치게 생각하다", 즉 너무 많이 생각한다는 뜻이다. 생각이 지나쳐서 속을 태우고, 생각이 복잡해지는 것을 의미한다. 즉, 염려의 문자적 의미는 "돌보면서 불안해하다(troubled with cares)"이다. 사랑하며 돌보는데, 근심하면서 돌본다는 것이다. 지나치게 돌보는 것을 의미한다.

헬라어 성경에서 '염려'가 갖는 의미는 '나누다' 혹은 '나뉘다'이다. 지나치게 생각하여, 생각이 정도에서 벗어나 나뉜다는 뜻이다. 주석가 매튜 헨리(Matthew Henry)는 마태복음 6장의 염려를 '생각 많음'(thoughtfulness)으로 번역하기도 했다.

존 파이퍼(John Piper)는 《믿음으로 사는 즐거움》에서 "염려가 생기는 근본적인 원인은 하나님께서 예수님 안에서 우리를 위해 제시하신 모든 약속을 신뢰하지 못하는 데 있다"고 했다.

염려는 우리 마음속의 영적 싸움이 치열함을 보여 준다. 성경은 말씀이 우리 안에서 열매를 맺지 못하는 주요 요인의 하나로 염려를 꼽는다.

아버지가 변하면
아들이 변한다

가시떨기에 떨어졌다는 것은 말씀을 들은 자이나 지내는 중 이 생의 염려와 재물과 향락에 기운이 막혀 온전히 결실하지 못하는 자요 눅 8:14

나는 문제의 핵심이 아들의 방황이 아닌, 그 방황을 바라보는 내 관점에 있다는 것을 깨달았다. 문제가 어려워서가 아니라 문제를 바라보는 관점이 잘못되어 더욱 어려운 것이라는 사실을 깨달았다.

사춘기 아들의 상상을 초월한 방황

주님의 관점으로 문제를 바라보다

그동안 나는 주님을 간절히 찾고, 부르짖는 기도를 통해 많은 은혜를 받고, 승리를 경험해 왔었다. 그래서 예전에 하던 방식대로 주님께 부르짖고 또 부르짖었다. 두려움에 떨며 내지르는 부르짖음이었다.

그런데 이번에는 주님을 간절히 찾는 것만으로는 문제를 이겨 나가기에 역부족인 것 같았다. 게다가 그 노력마저도 나만의 것에 불과하다는 생각이 들었다. 내 상태가 하나님이 진정으로 원하시는 최선의 상태가 아닌 것 같았다. 무언가 새로운 차원의 믿음이 필요함을 감지했다. 하나님이 내게 새로운 깨달음을 주시려고 고난을 허락하셨다는 생각이 들었다.

기도하기 전에 나 자신부터 돌아봐야 한다는 것을 깨달았다. 문제에만 집중하다가 염려에 빠진 것이니만큼 나의 관점부터 고쳐야 했다. 즉 주님의 관점으로 문제를 바라보는 법을 배워야 했다.

박남주 작가는 이것을 '인생의 고도 높이기'라는 말로 표현했다. 그가 들려주는 예화가 무척 인상 깊었다.

"제2차 세계 대전 때, 전선에서 싸우다가 죽은 미국 군인의 수는 35만 명 정도입니다. 그런데 전쟁의 공포 속에서 근심하다가 심장 마비로 죽은 미국인은 무려 100만 명이 넘었다고 합니다. 이와 같이 질병의 중요한 원인은 불안과 근심이라는 것이 현대 의학 장르의 공통된 의견입니다. 우리 인생은 아침에 눈을 떠서 저녁 잠자리에 들 때까지 근심과 걱정과 염려가 그치지 않습니다. 그러나 근심할 수는 있지만, 근심에 사로잡혀서는 안 됩니다. 5만 번 이상 기도 응답을 받았다고 알려진 조지 뮬러는 이렇게 말했습니다. '염려의 시작은 신앙의 끝이다. 그러나 신앙의 시작은 염려의 끝이다.'

어느 날, 한 비행사가 비행 중에 위기를 맞았습니다. 비행기

기관 속에 쥐가 한 마리 들어가 바스락거리며 여러 부품을 건드렸던 것입니다. 비상 착륙하려고 했지만 마땅한 곳을 찾을 수가 없었습니다. 기관 속에서는 계속해서 쥐가 바스락거렸습니다. 만약에 기계에 고장이라도 일으키는 날에는 생명이 위태로운 상황이었습니다. 그때 비행사는 즉시 비행기의 고도를 높이 올렸습니다. 그의 판단은 옳았습니다. 얼마 후 기관 속이 잠잠해졌던 것입니다. 나중에 착륙해서 기계를 열어 보니 커다란 쥐 한 마리가 죽어 있었습니다. 고도가 높아지다 보니 산소가 부족하여 더 이상 견디지 못했던 것입니다. 우리 인생을 갉아먹고 뼈까지 마르게 하는 근심이나 걱정을 어떻게 처리할 수 있을까요? 우리 인생의 고도를 높이면 됩니다. 마음의 고통에 끌려가면 안 됩니다. 그것은 우리를 옭아맵니다. 오직 거룩하고 사랑이 충만한 제자가 되는 것이 유일한 해답입니다." /박남주, 《치유하심》, 터치북스, 2012, p.234~235

눈을 주님께 고정할 때, 주님의 관점을 얻을 수 있다는 원리를 알긴 해도 그대로 따르기는 쉽지 않았다. 주님을 바라보다가도 문제를 쳐다보곤 했다. 현실을 돌아보면, 다시 문제가 크게 보였다. 내게 필요한 것은 주님의 관점을 배우는 것이었다.

주님의 관점을 가진다는 것은 결국 '소망을 갖는 것'이라는 생각이 들었다. 그때부터 소망이 무엇인지를 공부하고, 또 소망 갖기를 연습하는 삶을 살기로 했다. 그러나 막상 찾아보니, '소망'이란 말은 많이 하면서도 그것이 구체적으로 무엇을 의미하는지를 가르쳐 주는 설교나 책은 드물었다.

내게는 소망 하면 떠오르는 장면이 있다. 그리스도를 믿기 전의 일이었다. 수년간 시달려 왔던 불면증과 우울증에서 드디어 벗어나던 그날에 내 안에서 '아, 나도 살 수 있겠구나' 하는 탄성이 터져 나왔다. 탄성을 일으킨 것이 바로 소망이었다.

소망이란 '삶의 이유를 주는 어떤 것'이다. 즉 '살아갈 동기를 부여해 주는 것'이다. 또한, '삶의 기쁨을 주고, 고난과 약함을 이겨 낼 힘을 주는 어떤 것'이다. 밝은 미래에 관한 기대나 확신일 수도 있고, 깨달음이기도 하다. 당시 나는 소망 덕분에 고통에서 벗어났고, 어려움을 극복할 수 있었다. 그리고 계속 나아갈 힘을 얻었다.

소망의 불빛을 따라 한 걸음씩

       나는 주님 안에서 새로운 소망을 가져야 했다. 그래서 소망에 관해 공부하기 시작했다. 헬라어 성경에서 소망으로 번역되는 엘피스(elpis)는 "기대" 혹은 "기대하다"라는 뜻이다. 《성경 사전》은 소망을 "기대" 혹은 "기대를 동반하는 소원"으로 해석한다(John L. McKenzie, S.J., *Dictionary of the Bible, Milwakee*: The Bruce Publishing Company, 1965, p.368). 워드넷(Wordnet)이라는 사전은 "어떤 소원이 이루어질 것에 대한 일반적 감정"으로 해석한다. 이는 소원 성취를 확신하는 데서 오는 감정이라고 말할 수 있다.

아버지가 변하면
아들이 변한다

이상의 정의를 살펴보면, 소망이란 단순한 기대라기보다는 기대감으로 해석하는 것이 더 타당해 보인다. 캠벨 모건(Campbell Morgan)도 설교에서 다음과 같은 해석을 했다.

> "소망이라는 말에는 원하지만, 아직 성취되지 않은 어떤 것에 대한 기대감을 표현해 주고 있습니다. 성경 본문에 나오는 헬라어 엘피스는 기다림을 의미합니다. 그 말은 언제나 즐거움을 가진 채 기다린다는 것을 의미하는데, 이것은 소망과 정확하게 같은 의미를 지니고 있습니다." /워렌 위어스비, 《소망》, 살림, 2004, p.127

즉 소망은 감정에 관한 것이며, 소망의 역할은 감정을 북돋고 격려하는 것이라고 할 수 있다.

소망을 공부하다 보니 질문이 생겼다. 소망은 믿음과 어떤 관계일까 하는 것이었다. 믿음과 소망은 매우 비슷해서 구분하기가 어렵다. 믿음이 있으면, 확실한 기대감을 갖게 되기 때문이다. 이미 많은 믿음의 선배가 이 같은 질문을 던졌고, 그 답을 제시해 왔다는 것을 알게 되었다.

종교개혁을 주도했던 마르틴 루터(Martin Luther)도 이 문제를 고민했던 것 같다. 그는 갈라디아서 주석에서 믿음과 소망이 어떻게 다른가에 관해 몇 가지 제안했다(마르틴 루터, "*Commentary on the Epistle to the Galatians*(1535) by Martin Luther", 테오도르 그래브너[Theodore Graebner] 역, Zondervan Publishing House, 1949, Chapter 5, p.194~216).

그가 제시한 믿음과 소망의 차이는 존 번연(John Bunyan)의 《천로역정》 이야기를 들어 설명하면 잘 들어맞는다. 이야기에서 신실이(믿음)와 동행하던 주인공 크리스천은 신실이가 순교하자 소망이와 동행하게 되는데, 그들의 언행에서 믿음과 소망의 차이에 관해 큰 통찰력을 얻을 수 있다.

신실이, 즉 믿음의 초점은 진리와 그에 관한 깨달음이다. 지성이나 분별력과 관련 깊고, 매우 단호하다. 소망에 비해 현재를 중요하게 여긴다. 그래서 신실이는 순교한다. 반면에 소망이, 즉 소망의 초점은 하나님의 선하심과 마음의 격려에 있다. 지성보다는 감성에 초점이 맞추어져 있으며, 현재보다는 장래에 초점을 둔다. 소망은 멀리 보며 그림을 그리게 하고, 꿈꾸게 한다.

이러한 차이에도 불구하고, 신실이와 소망이는 서로 좋은 친구다. 그리스도 안에서 믿음, 소망, 사랑이 함께 가는 것 같

아버지가 변하면
아들이 변한다

이 매우 친밀한 동무다. 서로 없어서는 안 될 관계의 미덕이다. 그래서 마르틴 루터는 둘 중 어느 것 하나도 없어서는 안 된다고 말했다. 그는 믿음의 기능을 지성과 행동에 두었고, 소망의 기능은 마음과 기다림과 바라보기에 두었다.

> "소망이 없으면 믿음은 지속되지 않는다. 반면에 믿음이 없는 소망은 지식의 부족 때문에 눈먼 무모함과 교만을 낳는다. 무엇보다도 먼저 그리스도인은 믿음의 통찰력을 가져야 한다. 왜냐하면, 고난 시절에 지성으로 하여금 방향을 갖게 하고, 마음으로 하여금 더 나은 것을 바라게 하기 위함이다. 우리는 믿음으로 시작하고 소망에 의해 지속한다." /마르틴 루터, 같은 책, p.194~216

믿음과 소망에 대해 구체적으로 살펴보면 이렇다. 믿음이 남성적인 특성이 있다면, 소망은 여성적인 특성이 있다. 그래서 워렌 위어스비는 소망을 가리켜 '믿음의 딸'이라 했다. 소망의 정적인 면을 여성에 비유한 것으로 보인다. 순서적으로 믿음 후에 소망이 생겨나므로 딸에 비유한 것 같기도 하다. 그는 믿음은 행하고 신뢰하는 것이며, 소망은 기다리고 신뢰하고, 기다리고 기대하는 것이라고 말했다. 또한, 소망이 기쁨보다 더 좋은 것이라고 극찬했다.

여러 믿음의 선배가 소망을 음악과 춤에 비유하거나 미술 작품에 비유했다. 루벰 알브즈(Rubem Alves)는 소망과 믿음을 놀랍도록 멋지게 표현했다.

> "소망을 품는다는 것은 미래가 들려주는 아름다운 선율에 귀기울이는 것이다. 그리고 믿음을 품는다는 것은 그 가락에 맞춰 춤추는 것이다" /루벰 알브즈, 《더치 쉬츠의 소망》, 토기장이, 2007, p.110: 재인용

여기서도 소망은 정적이며, 믿음이 동적임을 알 수 있다.

소망에 관한 정의 중에서 가장 마음에 든 것은 존 비비어(John Bevere)의 정의다.

> "소망은 하나님의 말씀이 우리 마음의 화면에 그려 내는 그림이다. 그리고 그것을 실상이 되게 하는 것, 즉 실현시키는 것은 믿음이다" /존 비비어, 《존 비비어의 은혜》, 두란노, 2010, p.255

존 커(John Kerr)도 워렌 위어스비의 《소망》에서 소망을 일컬어 '영혼에 날개를 달아 주는 능력'(워렌 위어스비, 같은 책, p.152)이라고 말하며, 하나님의 약속의 믿음 위에서 소망을 통해 날아오르도록 권면했다. 소망이 마음에 격려를 주고, 영혼에 활력을 불어넣어 주는 면을 강조하고 있다.

자료들을 살펴본 후에, 소망을 몇 가지로 정의할 수 있었다.

"소망은 하나님의 약속 안에서 꿈을 꾸는 것이다."

"소망은 약속 안에서 그림을 그리는 것이다."

"소망은 약속이 들려주는 아름다운 선율에 귀를 기울이는 것이다."

"소망은 약속으로 말미암아 영혼에 날개를 다는 것이다."

하나님은 소망의 하나님이시며, 꿈꾸시는 하나님이시다. 하나님은 꿈꾸기를 좋아하신다. 또한, 우리가 하나님 안에서, 말씀 안에서 꿈꾸기를 원하신다.

나는 내 아들 요한이에 관해 꿈꾸기 시작했다. 말씀에 근거하여, 요한이가 현재의 정신적 방황과 영혼의 어두움에서 벗어나 건강하게 살아가는 꿈을 꾸었다. 약속의 말씀인 이사야서 49장 24, 25절을 따라 꾼 꿈이다.

요한이가 주님의 도우심을 받아 정신적인 어려움을 끝내

극복하고, 나와 함께 간증하는 꿈을 꾸었다. 그리고 대학 생활을 무사히 마치고, 그리스도의 제자요 일꾼으로서 훌륭한 영적 지도자가 되는 꿈을 꾸었다.

나의 간절한 소원은 요한이가 예수 그리스도를 만나고, 그리스도를 따르는 제자가 되어 평생 하나님과 동행하는 삶을 사는 것이다. 내 평생 소원인 창세기 35장 11~12절의 축복을 이어받는 영적인 후손이 되기를 간절히 바라며 기도했다.

> 11 하나님이 그에게 이르시되 나는 전능한 하나님이라 생육하며 번성하라 한 백성과 백성들의 총회가 네게서 나오고 왕들이 네 허리에서 나오리라 12 내가 아브라함과 이삭에게 준 땅을 네게 주고 내가 네 후손에게도 그 땅을 주리라 하시고 창 35:11~12

또한, 행복한 가정을 이루고, 탁월한 은사와 재능을 발휘하는 인재가 되기를 꿈꾸었다.

소망은 내게만 필요한 게 아니었다. 아들 요한에게도 필요했다. 나는 아들에게 소망의 길잡이가 되기를 바랐다. 헬렌 켈러를 도왔던 애니 설리번(Anne Sullivan) 선생님의 이야기가 도움이 되었다. 실은 애니 설리번의 스승에게서 영감을 얻은 것이다. 한 영혼을 향한 스승의 소망이 애니 설리번과 헬렌 켈러를 살렸다. 스승들의 소망이 헬렌 켈러의 영혼에 날개를 달아 주었다. 스승들이 소망의 천사 역할을 한 것이다. 나도 그런 역할을 하고 싶었다.

"정신지체아들과 정서장애아들을 수용하고 있는 한 재활원에 리틀 애니라는 여자아이가 있었다. 그곳 직원들이 어떻게든 그녀를 회복시켜 보려고, 이런저런 시도를 해 보았지만, 그녀는 끝끝내 아무런 반응을 보이지 않았다. 결국, 재활원 측은 그녀는 더 이상 가망 없다고 결론 내리고, 지하실에 있는 작은 방에 그녀를 가두어 버렸다. 그런데 직원 가운데 한 명이 점심시간만 되면, 리틀 애니가 있는 방 앞에 가 거기에서 점심식사를 하며 애니에게 책도 읽어 주고, 하나님께 그녀를 침묵의 감옥에서 꺼내 달라고 기도하곤 했다. 그러나 하루도 거르지 않고, 오랜 시간 그렇게 했음에도 불구하고, 애니는 여전히 무반응이었다. 그런데 한참 지난 어느 날 드디어 애니가 말하기 시작했다. 그리고 그로부터 2년 후, 애니는 재활원에서 나가 정상적인 삶을 영위해도 좋다는 판정을 받을 정도로 상태가 호전되었다. 그러나 애니는 바깥세상으로 나가기보다

사춘기 아들의 상상을 초월한 방황

는 재활원에 남아 다른 환자들을 돌보고 싶어 했다. 그로부터 50년 후 우리에게도 유명한 헬렌 켈러가 어떻게 해서 그 많은 장애를 극복할 수 있었느냐는 질문을 받게 되었다. 그러자 그녀는 '이게 다 애니 설리번 선생님 덕택이에요. 설리번 선생님이 없었다면, 전 지금 이 자리에 있을 수 없었을 거예요' 라고 대답했다. 도저히 구제할 길이 없어 보이던 장님에다 귀머거리인 헬렌 켈러를 끝까지 사랑하고 믿어 주었던 애니 설리번은 바로 그 재활원 지하실에 감금되어 있던 리틀 애니였다." / 더치 쉬츠, 《더치 쉬츠의 소망》, 토기장이, 2007, p.171

나는 아들의 방황과 함께 깜깜한 터널을 통과하고 있었다. 절망감이 수시로 찾아왔지만, 그 사이로 가느다랗고 약한 소망의 불빛이 내 영혼에 비치기 시작했다. 당장 환하게 비추어 준 것은 아니다. 꽤 오랫동안 긴 터널을 지나야 했다. 소망의 불빛을 따라 한 걸음, 한 걸음 앞으로 나아갔다. 하나님의 역사를 기대하며 인내함으로 나아갔다. 하나님의 역사를 기대한다는 것은 하나님이 내 안에서 역사하시리라는 기대였고 동시에 아들에 관한 기대이기도 했다. 하나님이 우리 가정에 역사하실 것에 관한 기대이기도 했다.

기도하면 넘어지지 않는다

우리 부부는 주님 앞에서 부르짖으며, 주님의 관점으로 아들의 문제를 보려고 애썼다. 주위에서 아들이 게임만 하도록 혼자 내버려두면 위험하다는 조언을 많이 해 주었다. 그러나 게임을 멈추게 할 방법이 없었다. 그렇다고 강제로 그만두게 할 수도 없었다.

하루는 마음이 심란해져서 교회 사무실에서 설교 준비를 하다 말고, 조용한 곳을 찾아가 30분간 소리 내어 간절히 기도했다. 기도 가운데 마음속에 말씀이 들려왔다.

"내가 모든 것을 주관한다. 요한이가 아무리 어려운 상황에 놓이더라도, 내가 조절한다. 언제 일어나고, 언제 눕고, 언제 나가고, 언제 들어오는지를 내가 안다. 요한이는 내 손 안에 있다. 그 아이를 언제까지 어려움 가운데 놓아두느냐는 내가 정한다. 모든 것이 합력하여 선을 이룰 것이다. 그러니 절대로 두려워하지 마라. 염려하지 마라. 내게 모든 것을 맡겨라."

조용하면서도 확실한 평강이 찾아왔다. 하나님의 평강이었다. 기도하기 전과 후가 분명히 달랐다. 아내와 통화했다. 마침 아내도 골로새서 말씀을 읽고, 불만을 품었던 것을 자백하고, 요한이를 용서하는 마음을 갖게 되었다고 말했다.

> 12 그러므로 너희는 하나님이 택하사 거룩하고 사랑받는 자처럼 긍휼과 자비와 겸손과 온유와 오래 참음을 옷 입고 13 누가 누구에게 불만이 있거든 서로 용납하여 피차 용서하되 주께서 너희를 용서하신 것 같이 너희도 그리하고 14 이 모든 것 위에 사랑을 더하라 이는 온전하게 매는 띠니라 골 3:12~14

하나님이 내게는 기도를 통해 은혜를 주셨고, 아내에게는 말씀을 통해 은혜를 주셨다.

힘을 얻은 나는 이렇게 생각하기로 했다.

"기도가 있는 한, 나는 넘어지지 않는다."

"나는 기도를 위해 태어난 사람이고, 부름 받은 사람이다."

"나는 요한이를 위해 기도하도록 부름 받았다. 이것이 내 사명이다."

"하나님이 요한이를 사용하시기 위해 기도하게 하시는 것이다."

"하나님이 요한이를 사용하실 것이다."

"모든 것을 주님께 맡기고, 염려를 내려놓자."

그러자 실제로 하나님이 일하시기 시작했다.

5월 초, 토요일 저녁이었다. 아이들에게 주일 예배를 위해 일찍 잠자리에 들라고 했다. 요한이가 새벽 1시에 자겠다고 했다. 그런데 1시에 깨어 보니, 아직도 게임 중이었다. 어서 자라고 말해 주었다. 게임이 이제 막 시작되었으니 끝내려면 40분이 필요하다고 했다. 1시 40분에 다시 요한이 방에 가서 어서 자라고 했다. 그런데도 요한이는 게임에 졌기 때문에, 한 판을 더하고, 40분 후에나 자겠다고 했다. 여느 때와 달리 화내지 않고, 고분고분 대답했다.

나는 더욱 적극적으로 권면했다. 학기말 시험을 준비하기 위해 게임을 끊으라고 했다. 요한이가 자기도 안다고 했다. 나는 게임은 눈에 좋지 않고, 사회성에 악영향을 끼치며, 게임만 하다 보면 언어 능력이 떨어지기 마련이라고 잔소리했다. 요한이가 조만간 게임을 끊을 것이라고 대답했다. 나는 5월 12일까지만 하고, 13일부터는 끊으라고 말했다. 요한이가 좋다고 했다.

순순히 대답하니 이상했다. 고분고분하게 굴 때면, 으레 상을 달라고 하곤 했다. 요한이가 이번에도 상을 달라고 해서 무슨 상을 줄까 물었더니, 돈도 있고 없는 것이 없으니 좀 더 생각해 보겠다고 했다. 나는 너를 믿는다며 어깨를 두드려 주고, 2층으로 올라가 잠을 청했다. 2시 20분이 되었다. 요한이는 엄마의 카랑카랑한 목소리를 듣고서야 비로소 불을 끄고 누웠다.

새벽 5시 30분에 집을 나섰다. 교회로 향하는 길에 요한이에게 무슨 상을 줄까 생각했다. 잠시나마 요한이와 대화를 나눴다는 사실에 감격했기 때문이다. 대화가 불가능하지만은 않다는 것을 알고 기뻤다. 요한이와 더 많은 대화를 나눠야겠다고 생각했다. 요한이에게 줄 상을 생각하며 기도하는 가운데, 갑자기 "함께 여행을 가면 어떨까" 하는 생각이 스쳤다.

물론 예사롭지 않은 일이었다. 요한이가 받아들일지에 관한 확신도 없었다.

아내에게 전화해서 얘기했더니, 좋은 생각이라고 했다. "과연 요한이가 간다고 할까?" 하고 묻긴 했지만, 이미 내 마음속에는 하나님이 계획하신 일이라면, 하나님이 행하실 것이라는 믿음이 생겼다.

오랜만에 요한이와 함께 저녁 식사를 했다. 아빠가 요한이에게 줄 상을 찾았다고 말해 주었다. 요한이가 무슨 상이냐고 물었다. 나는 이렇게 대답했다.

"아빠랑 함께 여행가는 거!"

요한이가 코웃음을 치더니, 자기가 보기에 아빠는 그런 스타일이 아니라고 말했다. 나는 산에 갈 것이라고 했다. 그랬더니 요한이가 눈을 크게 뜨면서 산이라면 같이 가겠다고 했다. 사실, 나는 요한이가 산을 좋아하는 줄은 미처 몰랐다.

5월 13일부터 15일까지, 3일간 요세미티(Yosemite) 국립공원을 여행하기로 했다. 놀라운 일이 벌어진 것이다. 떠나기 전날, 요한이가 아빠랑 요세미티에 가서 무얼 하느냐고 묻더니 자기 머리를 치며 크게 웃었다. 요한이의 웃는 얼굴이 좋아 보였다.

아들과 떠난 여행

        5월 13일, 아침이 되었다. 요한이는 나와 약속한 8시보다 조금 늦은 8시 30분에 일어났다. 그것도 놀라운 일이었다. 우리는 9시에 요세미티를 향해 운전을 시작했다. 출발하기 전에, 나는 여러 가지를 준비했다. 먹을 것과 온갖 준비물을 챙겼고, 무엇보다도 몇 가지를 결심했다. 아들에게 철저히 감사를 표현하고, 칭찬과 격려에 힘쓰자. 아이의 말을 많이 듣자.

    내가 먼저 운전하기로 했다. 요한이가 CCM을 인터넷에서 찾아 틀어 주었다. 아빠를 위한 배려라고 했다. 나는 운전하면서 무슨 말을 해야 할지 구하는 기도를 했다. 주님의 도우심이 필요했다. 얼마 지나서 요한이가 교대하여 운전했다. 차분하게 운전을 잘해서 칭찬해 주었다. 휴게소에서 햄버거를 먹기로 했다. 식당에 들어가자 요한이가 자기 이야기를 하기 시작했다.

그동안 스스로 고립되어 시간을 보냈다고 했다. 그저 그런 때라고 생각하고 받아들였다고 했다. 게임에서 빠져나오고도 싶었지만, 혼자 힘으로는 할 수 없었다고 했다. 그런 어려움 가운데 있는데, 마침 아빠가 여행 가자고 했고, 게다가 산에 간다고 하니 마음이 움직였다고 했다. 요한이가 말하는 동안에 나는 묵묵히 들었다.

다시 고속도로를 달리면서, 요세미티에 도착하면 무엇을 할까 물었다. 사실, 아무런 계획도 없었다. 요한이가 낚시를 하자고 해서 좋다고 했다. 종유석 전도사에게 전화해서 어디서 낚시를 하면 좋을지 물었다. 우리가 묵을 모텔에서 가까운 배스 레이크(Bass Lake)를 추천해 주었다.

생각보다 일찍, 오후 2시에 도착했다. 요세미티의 전초 기지라고 할 수 있는 오크허스트(Oakhurst)에서 낚시 도구를 샀다. 그러고 나서 겉은 허름하지만 가격에 비해 내부는 훌륭한

57

모텔에서 여장을 풀고, 곧바로 호수로 갔다.

아름다운 호수였다. 6인승 배를 빌리고, 낚시하는 법을 배워 호수 한쪽 끝부분으로 갔다. 조용한 호수에서 2시간 동안 멋진 배에서 낚시하니 요한이가 매우 흡족해했다. 고기는 잡지 못했지만, 좋은 경치에서 낚시를 즐길 수 있었다.

모텔에 돌아와 저녁 식사를 함께 준비했다. 요한이가 맛있게 먹었다. 지난 두 달 동안 잃었던 입맛이 돌아왔다고 했다. 소화 기능도 회복되는 것 같다고 했다.

저녁을 먹고 나서 함께 산책하고, 자기 전에 둘이서 예배를 드렸는데, "깊은 데로 가서 그물을 내려 고기를 잡으라"(눅 5:4)고 하신 예수님의 말씀에 순종했던 베드로가 죄인임을 고백하고 예수님을 하나님으로 인정했던 이야기를 전했다. 자기 힘으로 살면 실패하지만, 하나님을 의지하면 삶이 풍성해진다는 메시지를 요한이가 잘 들어주었다.

그 다음 날, 아침 7시에 일어나서 아침을 먹은 뒤 점심을 싸가지고 요세미티 공원으로 향했다. 방문자 센터에서 안내를 받고, 포마일 트레일(Four Mile Trail)이라는 등산로를 오르기 시작했다. 아침 11시 15분, 가는 길의 경치가 장관이었다. 예전에도 가 본 길인데, 이번에 더욱 좋았다.

아버지가 변하면
아들이 변한다

요한이는 산을 제법 잘 탔다. 처음 한 시간은 힘들어 하더니, 이후에는 펄펄 날듯이 올랐다. 두 시간쯤 오른 뒤에 점심을 먹고, 한 시간을 더 올라서 3시간 만에 정상인 글래이셔포인트(Glacier Point)에 올랐다. 7,200ft 높이였다. 잠시 사진을 찍고 내려왔는데, 버스를 탈 수 있었는데도 요한이가 걸어서 내려오자고 했다.

요한이에게 산을 오를 때보다 내려갈 때가 더 위험한 법이며 인생도 그렇다고 말해 주었다. 그런데 나는 내려오는 길에 힘이 남아돌아서 뛰어 내려왔다. 요한이도 함께 뛰다가 그만 접질려서 넘어지고 말았다.

요한이의 입에서 또 험한 말이 튀어나왔다. 몸이 고단한데다 넘어지니 폭발한 것이다. 요한이에게 미안하다고 했다. 요한이도 욕을 해서 미안하다고 사과했다. 갑자기 폭발하는 성격이 잘 고쳐지지 않는다고 했다. 그래도 나이 들면서 점차 고쳐질 것이라고 요한이가 말했다. 정말로 올라갈 때보다 내려올 때 조심해야 함을 함께 배웠다.

조심하며 두 시간 만에 내려와서 6시에 숙소에 도착했다. 잠자리에 들기 전에 시편 15편을 읽었다.

사춘기 아들의 상상을 초월한 방황

1 여호와여 주의 장막에 머무를 자 누구오며 주의 성산에 사는 자 누구오니이까 2 정직하게 행하며 공의를 실천하며 그의 마음에 진실을 말하며 3 그의 혀로 남을 허물하지 아니하고 그의 이웃에게 악을 행하지 아니하며 그의 이웃을 비방하지 아니하며 4 그의 눈은 망령된 자를 멸시하며 여호와를 두려워하는 자들을 존대하며 그의 마음에 서원한 것은 해로울지라도 변하지 아니하며 5 이자를 받으려고 돈을 꾸어 주지 아니하며 뇌물을 받고 무죄한 자를 해하지 아니하는 자이니 이런 일을 행하는 자는 영원히 흔들리지 아니하리이다 시 15:1~5

"여호와의 산에 오를 자가 누구며 그의 거룩한 곳에 설 자가 누구인가"(시 24:3)에 관해 말씀을 나누었다. 하나님을 찾고 찾으면 만나 주신다고 들려주고, 함께 기도했다.

요한이와 침대에 누워서 많은 이야기를 했다. 전공에 관해, 문신을 지우는 것에 관해 이야기를 나누다가 잠이 들었다. 마음의 짐을 내려놓고, 오랜만에 단잠을 잤다.

아버지가 변하면
아들이 변한다

탈선의 이유를 알게 되다

다시 아침이 밝았다. 여행 마지막 날이었다. 아침 예배를 드린 뒤 이번에는 요세미티 뒤쪽 산맥을 따라 만든 120번 도로를 탔다. 8,000~10,000ft 높이의 설산들이 절경을 이루었다.

운전하면서 요한이에게 성적인 욕망을 어떻게 해소하고 있는지 물었다. 들어보니, 요한이는 성에 관해 지극히 세속적인 생각을 가지고 있었다. 결혼 전이라도 사랑한다면 성관계를 할 수 있다고 생각했다. 나는 자칫 잘못하면 많은 문제가 일어날 수 있다고 경고하며, 성은 보호되어야 하며 결혼 안에

사춘기 아들의 상상을 초월한 방황

서 자유롭게 누릴 수 있는 것이라고 말해 주었다.

요한이는 신앙에 관해서는 철저히 중립적인 입장을 취했다. 나는 때가 되면, 믿게 되리라고 말해 주었다. 요한이는 그동안 가족에게서 배운 가치관과 세상의 가치관이 심하게 충돌하여 혼란스럽다고 했다. 그러면서 자기는 목사 가정에서 자라서 안 믿는 가정에서 자란 아빠와는 다른 종류의 갈등을 많이 겪는다고 토로했다. 아빠는 이해할 수 없을 것이라는 말도 했다.

자동차로 달리다가 높은 산 속에서 만난 테나야호(Tenaya Lake)는 영화에서 나올 법한 풍경을 보여 주었다. 요한이가 차에서 내려 눈을 만지며 좋아했다.

집으로 돌아오는 길에 요한이에게 왜 갑자기 게임에 빠지게 되었는지를 물었다. 요한이는 자신에게 실망해서라고 대답했다. 공부하려고 아르바이트도 그만두었는데, 성적이 잘 나오지 않아 괴로웠다고 했다. 잘해 보려고 했지만, 잘 안 되더라고 했다. 그래서 어려운 과목을 포기했고, 그만큼 남는 시간에 게임을 하다 보니 다른 과목들도 공부하기 싫어져서 줄줄이 포기했다는 것이다. 앞으로 똑같은 상황에 부딪히게 되면 어떻게 하겠느냐고 물었다. C를 받더라도 끝까지 해 보는 게 좋을 것 같다고 대답했다.

우리는 아침 9시에 출발하여 저녁 6시경에 집에 도착했다. 중간에 요한이와 운전을 교대했다. 요한이가 운전하는 동안에, 자연스럽게 나와 내 아버지에 관한 이야기를 꺼내 들려주었다. 내 학창 시절 이야기와 우울증으로 고생했던 이야기와 예수님을 영접한 이야기를 간증처럼 들려주었다. 군 생활, 네비게이토 선교회 훈련, 학위 취득 과정, 결혼, 중국에 가게 된 사연 등에 관해서도 이야기했다. 요한이가 경청해 주었다.

요한이는 자신은 걱정할 게 없다고 했다. 가족의 사랑을 많이 받고 자랐으니, 당장 독립한다고 해도 절대로 잘못되지 않을 것이라고 장담했다. 나는 요한이를 격려했다. 그리고 "너는 내가 가지지 못한 것을 가지고 있다"고 말해 주었다. 요한이는 리더십이 있고, 사람을 잘 이해하는 큰 장점을 가졌다. 그러니 큰일을 해낼 수 있을 것이라고 격려했다. 요한이가 고맙다며 웃었다. 미국에 온 후, 아들과 처음으로 오붓한 대화를 나눈 시간이었다.

여행을 마치고 집에 들어선 요한이는 사뭇 다른 모습이었다. 마치 새로운 사람이 된 것 같았다. 2개월 만에 온 가족이 웃으며 함께 식사했다. 요한이는 스스로 게임을 끊겠다고 말하며, 가족 식사와 예배를 철저히 지키겠다고 약속했다.

이번 여행은 하나님이 주신 예기치 않은 선물이었다. 아버지와 아들이 서로 깊이 알게 되는 시간이었다. 요한이를 게임에서 끄집어내는 기회가 되기도 했다. 하나님이 주신 놀라운 선물에 감사했다.

그동안 요한이와 함께하는 시간을 갖지 못한 내 잘못이 크다는 것을 깨달았다. 아버지로서의 역할을 다하지 못한 책임을 통감했다. 미국에 처음 왔을 때, 우리 부부는 적응하느라 아이들에게 시간을 내어 주지 못했다. 교회 일을 보느라 눈코 뜰 새 없이 바빴다. 새벽에 나가 밤에 돌아오기가 일쑤였다. 간호사인 아내는 병원에서 교대 근무를 해야 했고, 그러면서도 교회 일을 이것저것 많이 섬겼다.

내가 LA에서 교회 사역을 시작하면서 아이들은 한국에서 오신 내 어머니와 여동생이 도맡아서 양육하게 되었다. 11년가량을 아이들은 주로 할머니와 고모와만 지냈다.

매년 가족 여행을 떠나기는 했지만, 평소에는 일에 치여서 가족과 시간을 보내지 못한 것이 사실이다. 또 매일 가족과 큐티(Quiet Time)를 하기는 했어도, 아이들과 의미 있는 시간은 갖지 못했다. 은영이는 어릴 때부터 부모와 저녁 식사를

아버지가 변하면
아들이 변한다

함께한 기억이 별로 없다는 말을 하곤 했다. 오빠가 문제를 일으키니 오히려 가족끼리 저녁 식사를 자주 하게 되었다고 했다.

그러나 그런 와중에도 딸 은영이는 별 반항 없이 잘 자란 것을 보면, 개인차도 있다는 생각이 들었다. 하지만 요한이의 사춘기 방황은 부모가 함께해 주지 못했기 때문이라는 생각이 많이 들었다.

문득, 요한이가 친구 P와 어울리기 직전에 내게 먼저 손을 내밀었던 일이 떠올랐다. 어느 날, 10학년에 다니던 요한이가 나와 테니스를 치고 싶다고 해서 함께 테니스장에 갔다. 그때 마침 한 성도에게서 전화가 왔는데, 통화가 길어졌다. 기다리다 못한 요한이가 화를 내며 집으로 돌아갔다. 생각해 보니, 그런 일이 몇 번 더 있었다.

요한이는 아빠와 시간을 보내며, 자기 어려움을 터놓고, 도움을 청하고 싶었던 것이다. 그런데 나는 아들의 필요를 제때 채워 주지 못했고, 결국 기회를 놓치고 말았다. 요한이는 아빠 대신 다른 친구들을 찾기 시작했고, 그 바람에 탈선의 길로 들어서게 된 것이다. 아이가 부모를 필요로 할 때, 옆에 있어 주지 못했고, 학교 진학이나 학업 선택도 도와주지 못했

사춘기 아들의 상상을 초월한 방황

다. 스스로 알아서 공부하려다가 제대로 된 정보를 얻지 못한 채 어려운 과목을 무리하게 선택했고, 결국 이겨 내지 못하고 포기하면서 더 큰 어려움에 빠졌다.

여행에서 돌아온 후 요한이는 게임을 끊고 새롭게 생활하고자 했다. 부모를 생각해서인지 애쓰는 모습이 역력했지만, 학교로는 돌아가고 싶지 않다고 했다. 결국, 파사데나 시립대학도 도중하차했다.

아내가 요한이를 4년제 대학교에 편입시키자고 했다. 요한이가 시립대학교에서 도중하차하기는 했지만, 그곳에서 2~3년을 공부했으므로 다른 대학교 4학년으로 편입이 가능했기 때문이었다. 나도 동의했다. 마침, 기독교 대학인 바이올라(Biola University)에 편입할 수 있음을 알게 되어 요한이에게 제안했다. 처음에는 부정적으로 생각하더니 곧 마음을 바꾸어 가겠다고 했다.

편입이 결정된 후에는 새로운 마음으로 살려고 하는 것 같았다. 요한이는 살 소망과 의욕이 생겼다고 했다. 그동안 중단했던 아르바이트도 다시 시작했다. 가족 예배도 열심히 참석했다. 다시 친구들과도 어울리기 시작했다. 어린이부 교사로 섬기며 존(John) 전도사가 인도하는 성경 공부 모임에 자원해서 참석하기도 했다. 집에 돌아와서는 아이들이 말을 안 들어 애를 먹고 있다고 했다. 자신이 부모에게서 사랑을 많이 받고 자라서 그런지, 아이들을 엄하게 대하지 못하겠다고 했다.

대학부 학생들과 함께 코스타리카 선교 여행도 떠났다. 평소에는 준비 안 된 채로 떠나려다 보니 허둥대다가 물건을 놓고 가는 일이 많았는데, 이번에는 미리미리 준비를 잘해서 떠났다. 다녀와서도 얼굴이 밝고 편안해 보였다. 햇빛이 요한이에게 비치고 있었다.

그러나 때로는 구름이 햇빛을 가리기도 한다. 대학부 수련회를 다녀온 요한이가 갑자기 돌변했다. 한동안 온유했던 요한이가 달라졌다. 수련회에서 친구와 다투다가 자존심에 상처가 나는 일이 있었던 것 같았다.

요한이는 다시 게임 속으로 숨어들었다.

뉴욕으로 떠나게 된 은영이

딸 은영이가 대학에 입학하면서 뉴욕으로 떠나게 되었다. 기숙사로 이사하는 것을 돕기 위해 은영이와 뉴욕행 비행기를 탔다.

비행기 안에서 큐티를 했다. 마가복음 15장 1~15절 말씀이었다. 대제사장들이 예수님을 빌라도에게 끌고 가서 고발했다. 빌라도의 심문에도 예수님은 침묵하셨다. 그러나 "네가 유대인의 왕이냐"(막 15:2)라는 질문에는 그렇다고 분명하게 대답하셨다. 무리가 살인자 바라바를 풀어 주고, 그 대신에 예수님을 십자가에 못 박으라고 소리쳤다. 빌라도는 무리를 기쁘게 하려고, 예수님을 내어 주었고, 하나님은 예수님을 십자가에 넘겨주셨다.

세상 사람들은 악을 행하고, 불의를 행한다. 세상 임금은 불의의 임금이다. 그러나 하나님은 의의 왕이시다. 의로 불의를 이기셨다. 세상의 지혜로는 하나님의 지혜를 이길 수 없다. 하나님은 십자가에 못 박히신 예수님을 부활하게 하시어 승천하게 하셨다. 예수님이 마귀를 이기셨다. 하나님이 세상을 이기신다. 세상의 불의가 행해지는 가운데서도 하나님은 자기 뜻을 이루어 가신다. 하나님의 뜻을 아무도 방해할 수 없다.

예수님은 유대인의 왕, 아니 만왕의 왕이요 만유의 주이시다. 내게 예수님은 내 모든 삶을 다스리시는 인생의 왕이시며 주인이시다. 어떤 상황에서도 하나님은 합력하여 선을 이루시는 분이다. 만왕의 왕이신 하나님이, 우리 가정을 내내 다스려 오셨다. 부모를 떠나 뉴욕으로 이사하는 은영이의 삶도 하나님이 주관하고 다스리실 것이다.

비행기 안에서, 그동안 우리 가정을 선하게 다스리고 인도하신 하나님께 감사 기도를 드렸다. 기도드릴 때, 눈물이 흐르기 시작하더니 주체할 수 없이 흘러내렸다. 은영이를 키워 주신 하나님을 생각하며 울었다. 차마 소리를 내지 못하고, 마음으로 울었다. 눈물을 하염없이 흘리며, 글을 적었다.

은영이로 하여금 천진난만한 어린 시절을
보내게 하신 하나님,
구김살 없이 자라게 하신 하나님,
부모의 사랑을 듬뿍 받게 하신 하나님,
오빠와 친구처럼 잘 지내게 하신 하나님.

사춘기를 일찍 겪었던 은영이,
멋만 내고 반항하고 도도하던 은영이,
부모의 걱정거리요 교회 목사, 전도사들의
걱정거리였던 은영이,
어느 날 무서운 영화를 보고,
가위에 눌려 잠 못 이루며 고통스러워했던 은영이,
주위에서 많은 기도를 받고,
주님을 만남으로써 자유하게 된 은영이,
중학교 때부터 큐티하며 기도했던 은영이,
하나님을 알아 가기 시작한 은영이,

성실한 아이로 변한 은영이,

엄마 아빠에게 늘 기쁨이 되어 준 은영이.

고등학교 1학년 때,

기도하며 자기 진로를 스스로 정할 줄 알았던 은영이,

디자인을 전공하겠다고,

미술 학원을 찾아 보내 달라고 했던 은영이,

4년 내내 성실하게 준비해 온 은영이,

방황하는 오빠를 옆에서 지켜보며 안타까워했던 은영이,

언젠가 큐티를 하면서 노트에

"하나님, 평화를 주세요, 엄마 아빠에게도 평화를 주세요.

다시는 내가 우울증에 빠지지 않게 도와주세요" 하고

기도문을 적었던 은영이,

그것을 보며 아빠로서 많은 눈물을 흘렸던 나,

고등학교 댄스 발표회에서 무대 맨 앞줄 가운데에서

멋지게 춤추던 은영이.

근심하는 부모를 위로해 주던 은영이,

오빠를 용서할 수 없어 괴로워하던 은영이,

그러나 결국 하나님의 은혜로 용서를 배운 은영이,

오빠만 신경 쓰는 엄마 아빠가 야속해서

괴로워하던 은영이,

그런데도 넓은 마음으로 엄마 아빠를 이해하고

용서할 줄 알았던 은영이,

고통이 자신을 성장시킨다는 사실을 아는

성숙한 지혜를 가진 은영이,

오빠를 용서할 뿐만 아니라

오빠를 소망의 눈으로 바라보는 법을 배운 은영이,

"오빠는 큰일을 할 사람이야.

큰일을 할 사람은 어려서부터 문제를 많이 일으킨대.

걱정하지 마" 하며 우리를 위로했던 대견스러운 은영이,

교회에서 어린이 부서를 끝까지 섬긴 은영이,

부활절 어린이 잔치 때,

큰 무대에서 율동으로 교회를 섬기던 은영이,

이해할 수 없는 사람들 때문에 괴로워하며 울다가

생각을 바꾸어 그들을 이해하고 사랑하며,

그들에게서 이해받고 사랑받기로 결심했던 은영이,

사람들과 어우러져 그들 곁에서

기쁨으로 섬기는 법을 배운 은영이,

해마다 선교 여행을 떠나는 멕시코의 한 어린이를

마음에 품고, 사랑으로 기도하던 은영이,

다음 해에 또 가서 만나기를 기대하는 은영이.

바쁜 졸업반 시절에도, 수요예배에 빠지지 않고,

오히려 기쁘게 열심히 섬기던 은영이,

하나님을 우선하는 신앙을 가르쳐 준 부모에

감사하던 은영이,

하나님을 먼저 구하면, 더 좋은 인생이 찾아온다는 것을

깨닫고 고마워하던 은영이,

뉴욕으로 떠나는 날,

새벽까지 사람들에게 줄 선물을 챙기던 은영이….

　　은영이에 관한 기억이 뇌리를 스치며 지나갔다. 감사와 감격의 눈물이 또 흘렀다. 은영이가 맺은 열매들은 하나님께 영광이요 우리 부부에게 큰 기쁨이었다. 하나님이 우리 가정을 통해 은영이라는 멋진 작품을 만드셨다. 주님께 기도했다.

"이렇게 자랑스러운 딸을 주신 하나님께 감사합니다. 은 영이의 아빠가 된 것은 제게 특권입니다. 이 특권을 주신 주 님께 감사합니다. 하나님은 살아계셔서, 우리 가정에 지금도 기적을 베풀고 계십니다. 감사합니다. 앞으로 주님이 은영이 의 인생을 아름답고 선하게 인도하실 것으로 믿고 기대합니 다, 주여, 은영이를 귀한 주님의 도구로 사용해 주옵소서."

요한이의 방황이 시작된 지 4년이 흘렀다. 우리 집은 겉으 로는 평화로워 보였지만, 속에서는 엄청난 전쟁이 벌어지고 있었다. 사탄이 수시로 연약한 요한이를 공격했다. 늘 긴장감 속에서 기도로 싸울 수밖에 없었다. 끊임없는 용납과 사랑과 섬김으로 싸워야 했다.

그러나 헛되지 않은 싸움이었다. 은영이의 삶을 주관하시 는 하나님이 요한이의 삶도 주관하고 계셨기 때문이다. 하나 님은 요한이를 끊임없이 사랑하시고, 한없는 은혜를 베풀어 주셨다. 거듭되는 실패에서 요한이를 건져 주셨다.

어려움은 계속될 테지만, 하나님이 회복하시고 선하게 이 끌어 주실 것이다. 하나님은 우리 가족에게 자신의 사랑을 가 르쳐 주셨다. 그럼으로써 주님의 형상을 더욱 닮아 가게 하셨 다. 그뿐만 아니라 "눈물을 흘리며 씨를 뿌리는 자는 기쁨으로 거두리로다"(시 126:5)라는 말씀이 진리임을 깨닫게 하셨다.

아버지가 된다는 것은 힘들고 고된 사역이며, 때로는 기쁘기도 하고 때로는 슬프기도 한 일임을 깨달았다.

새로운 기대감

은영이를 뉴욕에 두고 집에 돌아온 날, 요한이는 다시 게임을 하고 있었다. 마음이 아팠지만 바이올라 대학에 편입하는 일을 진행하기로 했다. 그런데 등록 마지막 날까지도 요한이가 움직이지 않았다. 그러더니 결국 가지 않겠다고 했다. 새롭게 시작하려니 두려운 것 같았다.

마감 시간이 임박해 올 때, 정 장로님의 아들 윌리엄이 전화했다. 요한이의 교회 1년 선배로 바이올라에서 공부하고 있었다. 등록을 기다리고 있는데, 소식이 없어서 전화했다고 했다. 요한이가 안 가겠다고 버티고 있다고 했더니 윌리엄이 집으로 찾아왔다. 나중에 안 사실이지만, 고맙게도 조 전도사가 뒤에서 움직인 것이었다.

윌리엄이 요한이 방에 들어갔다. 10분간 이야기하고 나오더니 요한이가 학교에 가겠다고 했다. 친구가 도와주니 힘을 내기로 한 것이다. 새로운 환경에 스스로 들어가기에는 두려움이 많은 성향의 아이였던 것이다. 요한이는 겉으로는 큰소리쳐도, 매우 예민하며 소심한 성격의 소유자다.

마침내 요한이가 짐을 싸서 친구와 함께 학교로 갔다. 하나님이 일하심을 느끼며 감사했다.

이제 두 아이가 모두 집을 떠났다. 4년간 사춘기 자녀들과 힘겨운 싸움을 해 왔는데, 하나는 뉴욕으로 또 하나는 가까운 오렌지카운티로 떠났다. 이제 새로운 시대가 열리리라 기대했다.

요한이는 바이올라 대학에 가서 적응하느라 애썼다. 한국에서 온 친구들과 친하게 지냈다. 교회도 잘 다니고, 금요일 대학부 성경 공부 모임에도 나갔다. 자주 전화해서 아내와 내게 어려운 문제를 상의했고 수시로 문제를 해결해 갔다.

외로움은 요한이가 겪는 어려움 중의 하나였다. 친구나 다른 사람들을 믿기가 어렵다고 했다. 게다가 자기 자신을 사랑하지 못해 힘들어했다. 갑자기 공황장애가 찾아오기도 했다. 어떤 때는 조 전도사와 윌리엄이 바로 달려가서 함께해 준 덕분에 위기를 넘긴 적도 있었다. LA에 있는 기독교상담소에서 상담받고, 의사 처방도 받았다. 약한 항우울제를 먹기로 했다.

투명한 의사소통은 요한이의 장점이었다. 요한이는 집에 자주 들러서 학교에서 있었던 일을 자세히 나누었다. 그때마다 나와 아내는 그의 이야기를 경청하며 격려하고, 칭찬해 주었다. 그러면 요한이가 힘을 얻고 돌아갔다. 이런 일이 반복되는 가운데 한 학기가 끝났다.

방학이 시작되자 요한이가 집으로 돌아왔다. 그러더니 다시 게임에 몰입했다. 요한이는 긴장했다가 풀어지고, 다시 긴장했다가 풀어지는 리듬이 있었다. 우리는 요한이의 리듬을 존중하는 법을 배우려고 애썼다. 존재의 리듬을 존중하는 것이 곧 사랑이라는 것을 배웠기 때문이다.

여전히 나는 자신에게 묻고 있었다.

"나는 왜 이토록 요한이를 많이 생각하는가? 왜 이렇게까지 염려하는가? 왜 믿음의 평안과 염려 사이를 오락가락하는가?"

나는 문제를 하나님께 맡기는 법을 배우기 위해 씨름을

아버지가 변하면
아들이 변한다

계속했다. 카우만(L.B Cowman) 여사의 예화가 문제를 맡기는 것에 대해 통찰력을 주었다.

"오래전에 어떤 수도사가 올리브기름이 필요해서 올리브 묘목을 심었습니다. 나무 심기를 끝낸 수도사는 이렇게 기도했습니다. '주님, 제 나무의 어린뿌리가 자라려면 비가 필요하니 부드러운 비를 보내 주십시오.' 주께서 부드러운 비를 보내 주셨습니다. 수도사는 또 기도했습니다. '주님, 제 나무는 해가 필요하니 해를 보내 주십시오.' 빗방울 뚝뚝 떨어지는 구름을 밀어내며 해가 비쳤습니다. '주님, 이제는 가지들이 튼튼해지도록 서리를 내려 주십시오.' 수도사가 외치자 이내 작은 나무는 반짝이는 서릿발에 덮였습니다. 하지만 그 나무는 저녁이 되어 죽고 말았습니다. 그래서 수도사가 한 형제 수도사의 작은 처소에 찾아가, 그날 자신이 겪은 이상한 일을 이야기했습니다. 다 듣고 난 형제 수도사가 말했습니다. '나도 작은 나무를 심었소. 그런데 보다시피 지금 얼마나 잘 자랍니까! 나는 내 나무를 그 주인이신 하나님께 맡겼소. 나무에게 무엇이 필요한지 그 나무를 만드신 분이 더 잘 아십니다. 나는 하나님께 강요하거나 조건을 달지 않고, 기도만 했을 뿐이오. '주님, 폭풍이나 햇빛, 바람이나 비나 서리를 상관치 마시고 무엇이든 나무에 필요한 것을 보내 주십시오. 당신께서 그 나무를 만드셨으니, 그 나무에 필요한 것을 당신께서 가장 잘 아십니다.'" /L. B. 카우만, 《사막에 샘이 넘쳐흐르리라》, 복있는 사람, 2011, p.157~158

아버지의 부패한 사랑

2014년 말, 가을 학기를 마친 요한이가 고속도로에서 4중 추돌 사고를 냈다. 차가 심하게 망가졌다. 요한이의 책임이 컸다. 그런데 요한이는 미안해하기는커녕 이 기회에 새 차로 바꾸고 싶어 했다. 열심히 차를 알아보더니 다시 게임에 빠져들었다.

요한이를 게임에서 건져 내고 싶은 마음에, 원하는 차로 바꾸어 주겠다고 약속했다. 요한이가 원한 차는 스포츠카였다. 큰돈을 융자받아 중고 스포츠카를 사 주었다.

이것은 내 잘못이었다. 사고를 낸 책임을 지게 해야 했는데, 그것에 관해서는 언급도 하지 않고, 새 차를 사 주었으니 말이다. 자녀가 원하는 것을 신속하게 채워 주면, 스스로 독립하려는 의지를 막게 되고, 부모에게 의존하게 만들 뿐이다. 나는 내 아들에게 스스로 책임지는 법을 가르치지 못했다.

새 학기가 시작되자, 요한이가 새 차를 끌고 학교로 갔다. 한 달쯤 지나자 요한이가 갑자기 집으로 돌아왔다. 학교에 다니기 힘드니 입대하겠다는 것이었다. 의논도 없이 모든 과목의 수강을 취소하고 돌아왔다. 융자받은 학비가 얼마나 되는지, 손해가 얼마나 나는 지는 안중에 없었다. 막무가내로 군대에 가겠다고 했다.

집에 돌아온 요한이는 다시 게임에 몰두했다. 지난번엔 2개월간 게임만 하더니, 이번에는 더욱 맹렬한 열정으로 게임에 매달렸다. 3개월간 오로지 밥 먹고 게임만 했다. 군에 갈 준비를 하는 시간을 빼고는 모든 시간을 게임에만 쏟았다.

또다시 학업을 포기하고, 집으로 돌아온 요한이를 보며 나는 망연자실했다. 정말로 눈앞이 깜깜했다. 온몸에 힘이 풀렸다. 더 이상 기도할 힘조차 없었다. 얼굴이 노래지고 창백해졌다. 이런 내 모습을 본 정 장로님이 청소년 전문 상담가인 R박사를 소개해 주었다.

R박사는 요한이의 이야기를 듣더니 매우 확신에 찬 어조로 말했다. 자기 아들도 비슷한 상황이었는데, 그 때문에 심리학을 전공하게 되었고, 결국 아들을 구해 냈노라고 말했다. R박사는 아들보다는 아버지가 문제라고 말했다. 아버지가 아들과 함께 상담을 받아야 한다고 했다. 문제의 근본 원인은 부모에게, 특히 아버지에게 있다고 했다.

첫 상담을 마치고 집에 돌아와 요한이에게 R박사를 만난 이야기를 했다. 아빠인 내가 더 큰 문제이니 아빠가 상담을 더 많이 받아야 한다고 들었다고 얘기했다. 그러자 요한이가 자기 마음속 이야기를 하기 시작했다. 자기 생각도 R박사와 똑같다고 했다. 요한이가 눈물을 흘리며 말했다. 아빠인 내가 보호자 역할을 잘해 주지 못했다고 했다. 아빠의 사랑을 전혀 느끼지 못했다고도 했다. 필요한 것을 공급해 주고, 기도해 주고, 사랑한다고 말해 주었지만, 아빠에게서 사랑의 감정을 느끼지는 못했다고 했다. 자기 아이를 낳으면 아빠처럼 하지 않을 것이라고 말했다.

요한이는 아빠가 자기를 생각하는 것은 걱정이지 관심이 아니라고 했다. 그것은 아빠의 이기적인 사랑이라고 했다. 자신이 잘못되면, 아빠에게 어려움이 닥칠까 봐 걱정해서 그런

사춘기 아들의 상상을 초월한 방황

것이라고 했다. 아마도 잘되면 관심을 갖지 않을 것이라고 했다. 사랑의 반대는 미움이 아니라 무관심이라고 했다.

요한이의 말대로 내가 그런 생각을 많이 했는지도 모른다. 나의 고통은 내 이기적인 부패한 사랑에서 나온 것이라는 생각이 들었다. 하나님께 온전히 맡기지 못해서 벌어진 결과였다. 요한이가 그 점을 정확하게 지적하고 있었다.

비로소 깨달았다. 나의 잘못된 사랑과 무관심이 문제였다는 것을. 나는 요한이가 잘못될까 봐 늘 불안했다. 그 아이를 있는 그대로 받아들이지 못했다. 깊은 내면에서 요한이가 잘못되면 내 행복에 누가 될까 봐 불안해했는지도 모른다.

돌아보니, 나는 여느 아빠처럼 아이들을 대하긴 했지만, 실은 애틋한 사랑을 주지 못했다. 오히려 귀찮아했다. 내가 일하는 데 방해가 된다고 생각했다. 모든 것을 아내에게 맡겼다. 아이들은 그것을 본능적으로 알았던 것이다.

내 문제의 원인을 곰곰이 생각해 봤다. 결국, 내가 내 아버지에게서 받은 것이 없어서 내 아이들에게도 줄 수 없는 게 아닌가 라고 생각했다. 내 아버지에게 책임을 전가하려는 것이 아니라 원리적으로 그런 것 같았다. 아버지는 내게 너그러운 사랑을 베풀어 주지 못했고, 그래서 나도 사랑을 배우지 못했다. 아버지의 역할을 알 길이 없었다.

문제의 모든 원인은 아니라고 해도, 요한이의 방황이 나의 이기적인 사랑과 무관심 때문이라는 것은 분명히 깨달을 수 있었다. R박사의 말이 맞았다. 요한이를 고치기 전에, 나부터 고침을 받아야 했다. 고통스럽지만, 그 사실을 받아들이기로 했다.

요한이는 자신을 있는 그대로 용납하고 기뻐해 주는 사랑이 필요했던 것이다. 나는 나 자신을 변화시켜 가기로 결심했다. 그리고 상담에 열심히 참여했다. 내가 해야 할 일은 주님 앞에 회개하고, 지금부터라도 아버지의 역할을 배우고 실천하는 것이었다. 내가 회복되면, 요한이도 회복될 수 있다는 소망이 생겼다. R박사가 해 준 말을 되뇌었다.

"아버지가 변하면, 아들이 변합니다."

내가 변하면, 요한이가 변할 것이었다.

2

아버지의 역할을

배우다

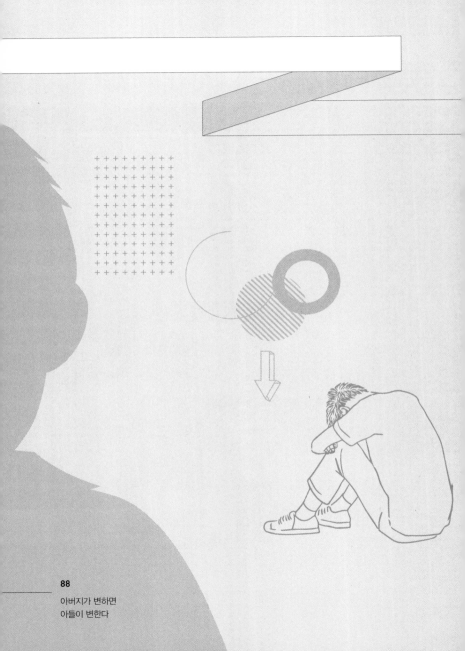

아버지가 변하면
아들이 변한다

나는 고3 시절부터
6년간
심한 우울증을 앓았다.

　　극한 절망 속에 있던 어느 날, 우연히
동네에 새로 개원한 신경정신과의원에서 이성민 원장님을 만
났다. 원장님의 도움으로 나는 우울증에서 벗어날 수 있었다.
　　내 오랜 경험과 이 원장님이 알려 준 지식을 통해 "우울증
은 감정의 흐름이 막힌 것"이라는 것을 알고 있었다. 큰 감정
에너지가 있는 사람들이 우울증을 크게 앓는다. 에너지가 제
대로 분출되면 날개 달린 듯 자유로워질 수 있다.
　　바로 그 일을 하나님이 요한이 안에서 하고 계시다는 생

각을 하게 되었다. 하나님이 나의 우울증을 귀하게 사용하셨던 것처럼 요한이의 우울증과 정서장애도 귀히 사용하실 것을 믿게 되었다. 하나님이 요한이의 내면으로 들어가시기 위해 골을 깊이 파내시는 중이라고 생각했다.

문제의 원인을 알았으니 그것을 고치기로 마음먹었다. 요한이를 위해, 또 나 자신을 위해 변화를 위한 헌신을 결심했다. 요한이가 현재 당하는 어려움이 오히려 매우 의미 있고, 귀한 일로 생각되었다.

하나님이 당신의 때에 적절한 사람을 보내어 요한이를 건져 주실 것으로 생각해 왔는데 R박사와의 만남이 바로 그런 섭리 아래 이루어진 것이었다.

결속의 중요성을 깨닫다

　　　　　　스캇 펙(Scott Peck) 박사는《아직도 가
야 할 길》(The Roadless Traveled)에서 청소년의 성격 장애 원인에
대해 말하면서 "(유전적인지 아닌지에 대한 과학적인 입증이 되지 않았
을지라도) 부모의 양육방식이 가장 결정적인 요인"이라고 결론
지었다. 그는 책에서 자라나는 아이들이 익혀야 할 네 가지
기술을 제시한다. 즐거움을 나중에 갖도록 자제하는 것, 스스
로 책임지는 것, 진실에 헌신하는 것, 그리고 균형을 맞추는
것 등이다. 성장기에 이러한 훈련을 받지 않으면, 청소년기에
큰 고통에 시달리게 되며 문제아가 된다고 했다. 바로 그 현

상이 우리 요한이에게서 분명하게 나타나고 있었다.

요한이가 겪는 고통은 내 안의 성숙하지 못한 모습과 어느 정도 관계있다는 것을 알게 되었다. 나는 아버지로서 요한이를 훈련시키는 데 계속 실패해 오고 있었다. 아들이 스스로 책임을 지게 하거나 즐거움을 나중에 선택하도록 돕지 못했다. 요한이가 부모가 만들어 놓은 경계를 쉽게 허물 때도 그렇게 하지 못하도록 분명하게 가르치지 못했다. 또한, 진실을 대면하여 말하고, 감정을 표현하는 데 매우 소극적이었다. 이러한 면들이 요한이를 더욱 혼란스럽게 만들었다는 것을 상담을 통해 알게 되었다.

R박사와의 두 번째 상담에서 아내와 나는 새로운 사실을 알게 되었다. 요한이 같은 정서장애를 보이는 대부분의 아이들은 생후 3살 이내에 어머니와 떨어져 지낸 경험이 있는 경우가 많다는 것이었다. 박사의 아들도 그랬다고 한다.

우리는 기억을 더듬었다. 길지 않은 기간이지만, 그런 적이 있었다는 것을 기억할 수 있었다. 은영이를 낳느라 중국에서 귀국하면서 요한이를 대전의 할아버지 댁에 맡기고, 우리는 포항에 있었다. 2주나 3주 정도 맡겼던 것으로 기억한다. 은영이가 태어난 다음에 할머니 할아버지가 요한이를 데리고 오셔서 다시 만났지만, 그때에도 산후 조리를 위해 얼마간은 요한이가 엄마 곁에 오지 못하게 막았던 것 같다.

R박사는 그것이 요한이에게는 큰 상처가 되었을 수 있다고 말했다. 그런 경우에 아이는 엄마를 간절히 찾고 찾다가 좌절을 경험한다고 했다. 그리고 사람을 더 이상 믿지 않게 된다고 했다. 엄마와의 결속(bonding)이 이루어지지 않아 성격 형성에 지장이 생긴다는 것이다. 그래서 결속이 안된 아이들은 엄마와 떨어지기 싫어하고, 의존적인 아이가 된다고 했다. 그런 아이들은 인정 욕구가 강하고, 경계를 쉽게 허물려고 한다고도 했다. 의심이 많아져 사람을 믿지 못해 인간관계가 어렵게 된다고 했다. 또한, 인내심이 부족해서 쉽게 분노하는 경향이 있다고 했다.

요한이와 딱 들어맞는 이야기였다. 엄마와 결속이 잘 이루어지지 않은 것이 문제였다. 그래서 대학생이 되어서도 집을 떠나기 힘들어하고, 계속해서 집으로 돌아왔던 것이다.

아들과 딸은 15개월 차이의 연년생이다. 본의 아니게 잠시이긴 했지만, 한 살도 안 된 아이가 부모에게서 버림받는 경험을 하게 했던 것이다. 게다가 동생이 바로 태어남으로 인해 자신이 독차지하던 사랑을 빼앗긴 셈이 되었다. 그래서 결속이 결핍되고 불안한 성격이 많이 형성되었음을 알게 되었다. 아이들의 성격에 따라 다소의 차이는 있지만, 주위에 비슷한 장애를 가진 아이들 대부분이 이러한 경험이 있다는 것도 알 수 있었다.

헨리 클라우드(Henry Cloud)는 결속을 이렇게 정의한다.

"결속이란 다른 사람과 감정적으로 결합을 이루는 것을 의미한다."/헨리 클라우드, 《향기 나는 인격 만들기》, 순출판사, 1999, p.66

그는 부모와 결속이 잘 이루어져야 독립이 가능하며, 그렇지 않으면 결코 떠날 수 없다고 말한다. 그의 이야기를 더 들어보자.

"어린아이가 태어난 후 첫해에 결속이 잘 이루어지면, 그다음 해 동안에는 혼자 독립하기를 배우게 된다. 그러나 이 독립의 단계에서도 결속 과정이 아주 중요하다. 자신이 새로 찾아낸 독립을 맛보기 위해서는 정서적으로 안정되어 있어야 하기 때문이다. 결속된 관계라는 안전함 속에서 아기는 좋은 것과 나쁜 것을 구별하는 방법과, 실패했을 경우 어떻게 대처하는

아버지가 변하면
아들이 변한다

가도 배우게 된다. (…) 대학에 진학할 때, 집을 떠날 수 있도록 안전감을 느끼기 위해서는 친구나 가족들과의 정서적 결속이 필요하다. 가족과 친구들과의 관계를 통해, 아이는 성인의 세계로 들어갈 수 있도록 도와주는 우정을 개발하게 되고, 그렇게 해서 그의 남은 생애를 유지해나갈 불을 붙여 줄 수 있는 감정적인 결합을 형성하게 된다." /헨리 클라우드, 같은 책, p.76

어린 시절에 부모와의 결속에 문제가 없다고 해도, 2차 성징이 나타나는 사춘기 때는 대부분의 청소년이 정서적으로 불안정하다.

고대 히브리 격언에 "어린아이들의 소리에 귀를 기울이는 세대는 복이 있나니 그리하면 그들이 어른의 말에 귀를 기울일 것이다"(션티 펠드한, 리사 라이스, 《부모들만 위하여》, 미션월드, p.16)라는 말이 있다. 부모가 사춘기 자녀에게 괴물이 아닌 친구가 되려면, 자녀의 말에 귀를 기울여야 한다. 타인의 고통을 이해하고, 나아가 공감하는 데는 지식이 필요하기 때문이다.

R박사가 내게 세 가지를 제안했다. 요한이를 설득해서 상담받게 할 것, 엄마보다는 아빠가 더 주도적으로 요한이와 관계를 맺을 것, 그리고 요한이가 독립적인 삶을 살 수 있도록 훈련시킬 것을 제안한 것이다. 그러면서 문제를 해결하는 데 자신의 역할은 20%에 불과하며, 나머지 80%는 아버지의 몫이라고 했다. 요한이는 스무 살밖에 안 되었으므로 회복 가능성이 크다고 하니 다행이었다.

그러나 요한이를 어떻게 설득할지 걱정이 됐다. 부정적인 생각에 부담감이 커졌다. 아내는 확신을 가지고 설득하면 요한이도 따라올 것이라고 했지만, 자신이 없었다. 그래도 한번 해 보리라 다짐했다.

집에 돌아와 보니 요한이는 게임을 하고 있었다. 상담 결과가 궁금했는지 요한이가 먼저 관심을 보였다. 나는 요한이가 자주 분노를 느끼고, 스트레스를 반복적으로 받는 것 등에 관해 말하며, 이 문제들을 해결하면 더 행복하게 살 수 있다고 적극적으로 설득했다. 내면의 문제를 해결해야만, 군에 가더라도 심리적으로 자유로울 수 있다고 말해 주었다.

2시간 정도 설득하고 나니, 요한이가 내면의 문제가 있음을 시인했다. 그리고 어린 시절의 경험이 현재에 영향을 미치는 부분에 대해서도 동의하며, 상담을 받겠다고 했다. 사랑 안에 두려움이 없다고 하신 말씀을 의지하여 확신 가운데 설득했더니, 아이의 마음이 움직였다(요일 4:18). 이에 하나님께 감사드렸다.

나는 작은 기적을 경험했다. 요한이 문제에 있어서, 그동안 나는 아내를 앞세운 채 늘 뒤로 물러나 있었다. 요한이를 대면하고, 그의 문제를 다루는 데 자신이 없었다. 요한이가 내 말을 들을 것으로 생각하지 않았기 때문이었다. 그래서 언제나 소극적으로 대응했다. 그러나 요한이에게 가장 필요했던 것은 바로 아버지의 존재와 아버지의 사랑이었다. 요한이는 내 사랑을 확인하자 상담에 동의한 것이다.

다음 날, 요한이는 아침 8시에 스스로 일어났다. 자기 문제를 해결하고 싶은 마음이 컸던 것이다. 하나님이 나로 하여금 아버지 역할을 하도록 돕고 계심을 알 수 있었다. 하지만 그다음 날에는 다시 게임으로 돌아갔다. 다시 담배도 피웠다. 그런데도 나는 요한이가 스스로 움직일 것을 믿고 그대로 두었다.

드디어 요한이가 R박사와 첫 상담을 했다. 집에 오자마자 요한이의 방에 들어가 상담이 어땠느냐고 물었더니 침대에 누워 있던 아이가 벌떡 일어나며 내게 쌍욕을 해 댔다. 그러더니 내게 덤비려다 말고 멈추었다. 아내가 밖으로 나오라고 말렸다. 일단 방을 나왔지만, 잠시 후에 마음이 평안해지고, 담대해지는 것을 느낄 수 있었다. 다시 아이의 방으로 들어가 아빠에게 하고 싶은 말이 있으면 다 해 보라고 했다.

R박사가 말한, 어릴 적 엄마와의 분리로 인한 자녀의 정서장애가 자신과 정확하게 들어맞는다면서 부모를 비난하며 욕을 했다. 우리는 부모의 무지를 사과했다. 어느 정도 시간이 지나자 요한이의 감정 폭발이 잦아들었다. 갑작스러운 감

정 분출에 놀랐지만, R박사가 미리 언질을 주었기에 이해할 수 있었다. 상담이 요한이의 내면에 작용하고 있는 것이라 생각했다.

요한이가 두 번째 상담을 마치고 난 후에도 똑같은 일이 벌어졌다. 부모의 잘못을 비난하며, 특히 내게 큰소리로 욕을 퍼부었다. 나는 두려움을 극복하며, 사랑하는 마음으로 대면하여 아이의 이야기를 모두 듣고, 다시 사과했다. 그리고 이제라도 문제의 원인을 알았으니 고칠 수 있다고 했다. 시간이 갈수록 욕의 수위가 낮아졌다. 요한이가 잠잠해질 때쯤 내 방으로 돌아왔다.

이후에도 요한이의 분노는 몇 번 더 폭발했다. 그러면서 부모를 탓하는 감정적인 폭발은 수그러들었다. 요한이의 감정적인 폭발은 어느 면에서 위험했다. 또한, 그런 방법이 반드시 옳은 것인가에 대해서는 이견이 있을 수 있다. 성경적인 방법이 아니라고 지적할 수도 있다. 모든 책임을 부모에게 돌리는 것도 마찬가지로, 과연 그런가 하는 의문이 남는다.

그러나 지금 와서 생각해 보니, 한 가지는 분명하다. 그때 이후로 요한이와 우리의 대화가 가능하게 되었다는 것이다. 그전에는 무슨 말을 해도 튕겨 나오기만 하고, 의사소통이 잘되지 않았다. 그런데 그때부터는 내 말을, 아니 부모의 말을 들으려고 했다는 걸 느낄 수 있었다. 요한이의 내면을 막고 있던 무언가가 뚫렸다는 것을 의미한다. 마치 내가 수년간 우울증과 불면증에 시달리다가 상담가를 만나서 깨달음을 얻고, 인생의 반전을 이루었던 것과 비슷한 경험이었다.

심한 우울증을 앓았던 나

　　　　　　　　내 우울증은 어릴 때부터 오랫동안 지
속되어 온 상한 감정에서 비롯된 것이었다. 상한 감정이란 분
노의 감정이었다. 분노의 감정이 제대로 처리되지 못한 채 몸
에 전이되었다. 그래서 불면증, 소화불량, 알 수 없는 두통에
시달렸고 삶이 불행하게만 느껴졌다.

　나는 내 아버지에게 분노하고 있었다. 어린 시절, 내가 경
험한 아버지는 늘 술에 취해 있는, 말 그대로 알코올중독자의
모습이었다. 아버지는 24시간 근무하고, 24시간 쉬는 형태의
일을 하는 말단 철도 공무원이었다. 이북 출신으로 남한 생활

에 적응하지 못하는 서러움을 술로 달래며 사셨다. 쉬는 날이면, 아버지는 영락없이 술에 취해 있었다. 내 기억 속에는 단 하루도 예외가 없었다. 병원에 입원하실 때를 빼고는 늘 취해 있었다. 병원 입원도 술 때문에 계단에서 굴러 떨어졌다든지 아니면 술에 취해 걷다가 헛디뎌서 구덩이에 빠져 다리가 부러진다든지 하는 이유 때문이었다. 술에 취한 아버지는 늘 어머니에게 주정했다. 폭력을 행사하기도 했다.

아버지는 월급날 거의 빈 봉투를 가져왔다. 술값을 먼저 갚아야 했기 때문이다. 우리는 단칸방에서 네 식구가 살면서 늘 끼니 걱정을 해야 했다. 생계는 어머니가 벽돌 공장에서 막노동을 해서 꾸려 갔다. 어머니는 뙤약볕이 내리쬐는 한여름에도 마당에서 벽돌에 물 주는 일을 했다. 어머니가 일을 끝낼 때쯤 되면, 나는 어머니와 함께 벽돌 위에 앉아서 이야기를 하곤 했다. "엄마, 이다음에 커서 절대로 엄마 고생시키지 않을게요" 하고 말하곤 했다.

어느 날, 늘 가던 벽돌 공장에서 어머니의 모습이 보이지 않았다. 수소문 끝에 어머니의 새 일터를 몰래 찾아갔다. 작업장을 들여다보고는 깜짝 놀랐다. 깜깜하고 좁은 공간에 톱밥이 가득 날리는 목공소였다. 어머니는 그곳에서 고개도 펴

아버지가 변하면
아들이 변한다

지 못한 채 나무에 못을 박고 있었다. 나는 차마 들어가지도 못하고, 밖에서 하염없이 울었다. 그 후에도 일이 고되어서 거품을 물고 쓰러지시는 장면을 두 번이나 목격했다.

나는 울분을 참기 힘들어서 자주 다니던 초등학교의 씨름장을 찾아가 주먹으로 모래를 마구 치며 다짐했다.

"어떻게든 이 가난을 이겨 내겠어."

"내 어머니를 고생에서 해방시켜 드리고, 꼭 호강시켜 드릴 거야."

겨울이면, 눈 덮인 모래를 치며 울고 또 울곤 했다.

사랑받지 못한 자아는 상한 감정을 만든다. 어린 시절, 부모에게서 충분히 용납받고, 관심받은 영혼은 감정이 쉽게 상하지 않는다. 상하더라도 병들 정도까지 가지는 않는다. 하지만 사랑의 에너지가 부족하면, 사춘기의 혼란스러운 시기에 감정의 질풍노도를 견디지 못하고, 자아가 꺾이게 되는 것 같다.

나는 자라면서 공부 잘한다는 칭찬은 많이 들었지만, 존재 자체로 사랑과 용납과 격려를 받아 보지는 못했다. 공부 잘한다는 칭찬은 나의 기능을 칭찬한 것에 지나지 않는다. 나는 내 행위의 결과 때문이 아닌 단순히 아들이라는 이유로 사랑받는 것이 필요했다. 나를 믿어 주고, 용납해 주는 부모의 존재와 부모의 말이 필요했던 것이다.

비록 나는 부모의 따뜻한 손길을 받지 못했지만, 이성민 원장님을 통해 감정의 흐름이 원활해지고 회복이 시작되었다. 그와 비슷한 일이 요한이 내면에서도 일어나고 있었던 것이다.

상담과 감정의 표현을 통해 경험하는 가장 큰 은혜는 잘못된 감정으로부터 해방되는 것이라고 생각한다. 우울증이나 성격 장애와 같은 질병이 주는 가장 큰 문제는 부정적인 감정에 압도되는 것이다. 즉 감정의 억압이 문제라는 뜻이다. 내면의 억압된 감정으로 인해 부정적인 관점을 갖게 되고, 그로 인해 부정적인 감정에서 벗어날 수 없게 된다. 왜곡된 관점과 감정이 사람을 파괴적으로 만든다.

좋은 상담은 이러한 부정적인 감정과 왜곡된 관점을 바로잡아 준다. 특히 마음속 깊이 억압되어 있던 감정을 밖으로 표현하도록 돕는다. 어두운 감정은 표출되고 나면, 힘을 잃어버린다. 그때 비로소 왜곡된 관점이 바로 잡힌다.

독일의 저명한 철학자이자 심리학자인 페터 비에리(Peter Bieri)는 어둠 속에 묻힌 억압된 감정을 이해하고, 표현함으로써 그것들을 사라지게 할 수 있다고 말한다.

> "우리 인생에서 겉으로 보이는 것보다 훨씬 많은 생각과 감정과 기억과 공상과 소망이 존재한다는 것을 기억하는 것이 좋겠다. 우리가 아는 것은 내면세계의 일부일 뿐이다. 나머지는 어둠 속에 묻혀 있다. 만일 이해 못할 어떤 사건이 우리를 휘감는다면, 그 뿌리를 찾아 여태껏 잘 모르던 내면세계로 들어가 보는 것이 실마리를 잡는 열쇠가 될 수 있다. 느낌과 기분, 기대, 상상의 뒤를 따라가는 것이다. 이는 우리가 모르는 사이에 우리의 삶을 결정짓는 것들이다. 이 모습들을 파악할 수만 있다면 무의식적인 정신적 사건을 의식적 경험으로 변화시킬 수 있다. 그러기 위해선 더 많은 내면의 진실을 찾아 파고드는 것, 입으로 소리 내어 말로 표현해 보는 것이 필요하고 또 인생 전체의 밑바탕을 이루는 배경을 이해함으로써 의식 밑으로 억압되거나 떨쳐 내진 숨겨진 논리와 활기를 밖

으로 끌어낼 수가 있다. 결국은 내 안에 있는 나를 좀 더 잘 이해할 수가 있게 된다. 이해하는 것으로만 그치는 것이 아니다. 자신을 더 잘 알게 되며 더 큰 자유로의 변화와 내적 독립성이 이루어질 수 있다. 강박적 욕구와 불가해한 통제 불능의 감정들이 일단 해명되고 정리되면 다루기가 수월해질 뿐 아니라 아예 사라져버릴 수도 있다. 이런 것들이 이제는 그것을 이해함으로 해서 더는 낯설거나 불편하게 여겨지지 않고 내 안에 통합될 수 있다. 즉 정신적 정체성의 당당한 한 부분으로 자리 잡을 수 있다는 뜻이다. 이렇게 되면 그것이 무엇이 됐든 내가 가진 내적 권위를 위협하지 않는다." /페터 비에리,
《삶의 격》, 은행나무, 2014, p.94

요한이가 상담 후에 보인 감정의 격렬한 표현은 억압된 감정의 분출로 이해할 수 있다. 실제로, 요한이는 점차 감정적 해방을 경험해 갔다.

R박사는 요한이에게 좋은 멘토가 되어 주었다. 그 기간은 6개월이 채 안 되었지만, 요한이와 내가 감정적인 어려움에서 벗어나는 데 큰 도움을 주었다.

R박사를 통해 상담의 능력과 효과를 알게 된 요한이는 필

요에 따라 스스로 상담가를 찾아가곤 했다. 후에 대학에 돌아가서도 수개월간 스스로 상담을 받기도 했다.

좋은 멘토를 소개해 주는 것은 아버지의 역할 중 하나라는 생각이 든다. 아버지가 모든 것을 다 잘할 수는 없기 때문이다. 자신보다 더 지혜로운 사람에게 배우는 것이 지혜가 아니겠는가.

> 의논이 없으면 경영이 무너지고 지략이 많으면 경영이 성립하느니라 잠 15:22
>
> Plans fail for lack of counsel, but with many advisers they succeed Ps. 15:22, NIV

자녀 양육에 관해서도 전문가의 도움을 받는 것이 자녀를 지혜롭게 양육하는 방법의 하나일 수 있다. 교회에서 멘토를 구하거나 외부에서 전문가를 구해도 좋을 것이다. 기도하며 구한다면, 하나님이 적절한 멘토와의 만남을 인도해 주시리라 믿는다.

요한이의 우울증이 해결된 지금은 나와 아내가 그의 멘토다. 요한이는 자신의 경험을 통해 의사소통이 얼마나 중요한지를 잘 알고 있다. 지금은 어려움이 있으면 나에게 혹은 아내에게 전화를 한다. 요한이가 들려주는 문제를 잘 들어주기만 해도 아들이 문제에서 스스로 벗어나는 것을 보게 된다. 요한이는 우리에게 문제를 털어놓으면서 진짜 문제가 무엇이었는지 깨닫고, 힘든 감정에서 벗어나 올바른 시야를 갖곤 한다.

요한이가 감정을 표현함으로써 치유되기 시작하자 나도 내면의 치유를 경험하게 되었다. 요한이와의 갈등으로 내 안의 두려움이라는 문제를 발견했고, 상담을 통해 그것을 극복하는 과정에 들어갔다.

나의 두려움은 그동안 단단한 껍데기에 둘러싸여 겉으로 드러나지 않았다. 요한이의 방황으로 내 안에 있던 깊은 두려움이 염려와 근심의 모양으로 나타났다. 그 두려움이 우선 내 감정의 교류를 막고 있었다는 것을 깨달았다. 이것이 나의 대인관계에도 영향을 미치고 있음을 알 수 있었다. 내 속에 깊이 숨어 있던 두려움이 관계 장애를 빚어낸 것이다.

언젠가 내게 제자훈련을 받던 성도가 내게서 사랑이 느껴지지 않아 고통스러웠다고 말한 것이 생각났다. 당시 나는 그 성도의 반항으로 괴로워하기만 했다. 그러고 보니, 그런 비슷한 말을 여러 번 들었던 것 같다. 아마도 나와 함께한 사람들 대부분이 그런 느낌을 받았을 것이다.

성경은 두려움을 무엇이라 말하는지 살펴봤다. 성경에 따르면, 두려움은 하나님이 주시는 것이 아니라 사탄이 주는 것이다. 인생에서 극복해야 할 장애물인 것이다.

> 내가 두려워하는 그것이 내게 임하고 내가 무서워하는 그것이 내 몸에 미쳤구나 욥 3:25

> 사람을 두려워하면 올무에 걸리게 되거니와 여호와를 의지하는 자는 안전하리라 잠 29:25

> 사랑 안에 두려움이 없고 온전한 사랑이 두려움을 내쫓나니 두려움에는 형벌이 있음이라 두려워하는 자는 사랑 안에서 온전히 이루지 못하였느니라 요일 4:18

하나님이 우리에게 주신 것은 두려워하는 마음이 아니요 오직
능력과 사랑과 절제하는 마음이니 딤후 1:7

두려움이라는 원인을 안 다음부터는 하나님과의 교제에
조금씩 변화가 생겼다. 단순히 하나님을 찾는 기도만 하는 게
아니라 하나님을 생각하고 느끼려고 노력하기 시작한 것이
다. 그뿐만 아니라 아픔을 회피하지 않고, 들여다보고 충분히
느끼는 훈련을 했다. 그리고 하나님께 솔직히 고백했다.

"주님, 내게는 어찌할 수 없는 걱정과 근심과 슬픔이 있습
니다. 아무리 기도해도 두려움과 염려가 사라지지 않습니다.
내 안에 참으로 뿌리 깊은 두려움이 있음을 봅니다. 주님, 도
와주세요. 나는 믿음이 부족합니다. 기도를 아무리 많이 해도
믿음의 기도가 아니면 소용없음을 압니다. 내게 믿음을 주십
시오. 하나님을 더욱 신뢰하게 해 주십시오."

이렇게 조용히 기도하다 보면, 어느새 마음이 환해지고,
평강과 기쁨이 스며드는 것을 느끼곤 했다.

나의 또 다른 두려움은 요한이를 향한 두려움이라는 것을
알게 되었고, 이 두려움이 나를 계속 괴롭혀 왔음을 깨달았
다. 두려움이 내 관점에 영향을 미쳤고, 그래서 요한이를 부

정적으로 바라봤다는 것을 깨달았다. 그로 말미암아 내 내면 깊이 있던 우울증이 요한이에게로 전해졌다고 해도 과언이 아니다. 요한이가 아빠에게서 사랑을 한 번도 느껴 본 적이 없다고 말하며 아빠는 온통 걱정뿐이라고 했는데, 그것이 얼마나 정확한 표현인지 뒤늦게 깨닫고 놀랐다.

아빠가 늘 걱정스러운 눈으로 바라봤으니 요한이의 심정이 어땠을까? 아버지의 역할을 필요로 하는 십 대 청소년기에 요한이를 외롭게 했다. 나는 요한이를 대면하기가 두려워서 아내에게 모든 것을 맡기곤 했다. 아들을 피해 온 것이다.

이것을 시인하고 자백하고 나니, 소망이 생겼다. 조금씩 변화가 감지되었다. 느낌이 있는 관계, 느낌이 있는 삶을 조금씩 알아가기 시작했다. 선생님이 애니 설리번을 어두움에서 끄집어냈던 것처럼, 요한이를 어려움에서 끄집어 낼 사람은 바로 나라는 생각이 들었다. 이 일은 매우 가치 있는 일이라 생각되었다. 이제 사랑을 가지고 적극적으로 다가가리라 다짐했다. 변화된 요한이를 믿음으로 바라보고, 사랑과 소망 가운데 요한이를 위해 기도했다.

R박사는 내 감정 수준이 낮기 때문에 요한이에게 아버지로서 권위를 행사하지 못했다고 지적해 주었다. 그래서 대면하여 말하지 못하고, 문제와 직면하지 못한 것이라고 했다. 그는 '직면하는 능력'(confrontation)의 핵심은 감정 표현임을 가르쳐 주었다.

자신의 감정을 알고, 표현할 줄 알아야 다른 사람의 감정도 읽을 수 있고, 이해할 수 있다는 것을 알게 되었다. 그렇지 않으면, 대인관계에서 늘 수동적이 되고, 문제와 직면하여 해결하는 능력을 얻지 못한다. 상담을 통해 감정을 표현하지 못하면, 몸이 불안 증세를 보인다는 것을 배웠다.

감성 능력을 계발할 필요가 있었다. 감성을 키우면 지혜가 생기고, 내면이 강해진다. 강한 내면이란 감정이 풍부한 것을 의미한다. 내면이 강하면, 대인관계가 넓어지고 깊어질 수 있다. 감정을 계발하려면, 표현해야 한다. 그래야 공감 능력이 생기기 때문이다. 공감 능력이 생기면 영향력이 커지고, 감정 능력이 전달된다.

나의 감정 표현 부족이 요한이의 감정을 메마르게 하는 데 영향을 미쳤다는 사실을 새삼 깨달았다. 나는 감정 표현 능력이 매우 약한 사람이었다. 그래서 요한이가 자신의 감정을 제대로 표현하는 법을 배우지 못했구나 하는 생각에 마음이 아팠다.

감성은 영향력(리더십) 행사에 매우 핵심적인 요소다. 다니엘 골먼(Daniel Goleman)은 《감성의 리더십》이란 책에서 감성 지능이 위대한 리더십의 특징이라고 주장했다.

"공감을 불러일으키는 감성지능을 갖춘 리더만이 위대한 리더십을 발휘할 수 있다."

다니엘 골먼은 감성 지능의 계발을 위해 자아인식, 자기 관리, 사회적 인식, 관계 관리 등 네 가지 영역의 개발을 제안했다. 나는 다니엘 골먼의 이론을 바탕으로 감성 지능 계발을 위해 노력하며 감정 표현에 힘썼다. 특히 요한이에게 내 감정에 관해 분명하게 표현했다. 좋으면 좋다, 화가 나면 화가 난다고 분명히 밝혔다.

한번은 요한이가 게임을 하지 못하게 모뎀을 치운 적이 있었다. 요한이는 밤새 참고 참다가 우리 부부가 새벽 예배에 가기 전에 우리 방에 와서 행패를 부렸다. 위협적으로 말하며 욕을 해 댔다. 저녁에 요한이를 불러서, 게임만 하는 아들을 보니 화가 나서 모뎀을 치웠다고 솔직하게 말했다. 요한이는 "우리 서로 화가 나서 그랬구나" 하고 말했다. 화난 것을 표현할 수는 있지만, 욕설과 폭력은 안 된다고 말하자 요한이도 주의하겠다며 동의했다. 이런 식으로 감정을 표현하며 하나씩 해결해 나갔다.

자녀를 잘 양육하려면 부모가 영적으로나 정신적으로나 건강해야 한다. 아버지의 영적, 정서적 상태가 자녀에게 여과 없이 반영되기 때문이다. 아동 발달에 영향을 미치는 아버지의 역할에 관한 연구 결과가 그것을 말해 준다.

"정서가 안정적인 아버지에 의해 양육 받은 자녀는 정서적 안정감을 효과적으로 나타내는데, 이것은 아버지의 영적 성숙이 자녀에게 여과 없이 반영되기 때문이다." /강란혜, 《아버지 역할과 아동 발달》, 그리심, 2012, p.177

강란혜 교수는 아버지가 아들에게 하나의 롤모델이라고 밝힌다.

"아들은 아버지를 롤모델로 받아들인다. 아버지의 모습과 행동을 보면서, 남자의 세계에 대해 눈을 떠 가는 것이다. 이는 딸들도 마찬가지다. 평소 보면서 자랐던 아버지의 모습을 통해 미래의 배우자에 대한 기준을 만들어 간다. 아들은 존경할 수 있고, 모방할 만한 남성을 필요로 한다. 딸들도 그렇다. 아버지는 딸들에게 있어서 미래의 남성을 판단할 수 있도록 해 주는 기준이다. 자녀들이 좋은 배우자를 만나게 하려면, 아버지가 먼저 좋은 모습을 보여 주어야 한다." /강란혜, 같은 책, p.169

아버지가 어떻게 하느냐에 따라 그것을 지켜보는 아들이

자기 역할을 찾아간다고 볼 수 있다. 아들은 아버지의 장점을 닮아 가지만, 단점도 닮게 된다. 아버지가 자기 내면의 단점을 알고, 그것을 치유해야 그 단점이 아들에게 내려가는 것을 막을 수 있다.

나에게 가장 치명적인 약점은 감성지수(EQ), 즉 공감 능력이 취약하다는 것이었다. 그것이 요한이에게 여과 없이 전달되었고, 요한이의 감성적 역기능에 기여했다는 생각이 들었다. 나는 상담을 받는 동안에 이것을 깨달았고, 이 부분을 보완하여 고치려고 노력했다. 요한이의 방황을 함께 겪으면서, 나의 공감 능력이 많이 향상되었다. 최근, 한 목회자로부터 내가 이전보다 타인에게 더 공감하며 타인의 감성을 이해하는 능력이 많이 향상되었다는 피드백을 받았다. 요한이의 성장과 더불어, 내 내면 역시 성장해 감을 느낀다. 하나님께 감사할 따름이다.

실제로, 나의 변화는 요한이가 상담을 시작하게 된 중요한 동기가 되었다. 내가 상담에 적극적으로 임하고 변화된 모습을 보이니, 요한이도 무엇이 아버지를 움직이는가를 궁금해 하며, 자신도 상담을 받아 보고자 마음먹었기 때문이다.

다음 단계로, 요한이에게 욕을 자제하고, 책임감을 배우도록 가르치고 훈련시켜야 했다. R박사와의 상담을 통해, 요한이의 독립을 돕고 훈련하는 법을 익혔다. 새로운 인격의 형성과 훈련이 필요한 단계였다.

우선, 욕을 하지 않도록 분명하게 말할 필요가 있었다. 요한이 스스로 식사를 해결하고, 청소나 빨래도 스스로 하게 했다. 해야 할 일을 하지 않았을 때는, 더 이상 필요를 채워 주지 않기로 했다. 자녀가 할 일을 부모가 대신하면, 자녀 스스로 설 수 없기 때문이다. 또한, 자녀가 부모를 조종하도록 허용해서는 안 된다. 자녀가 자신의 요구를 들어주지 않는다고, 화를 내더라도 부모가 겁먹고 쉽게 들어주면, 끝내 자녀가 책임감 있는 삶을 살기가 힘들어진다.

그동안 나는 많은 부분을 제대로 못 했다. 아버지로서 제대로 훈육하지 못했다. 학업을 포기하고 집에 돌아온 요한이에게 너무 많은 것을 허용했다. 책임감 있게 사는 법을 가르치지 못한 것이다.

특히, 요한이는 부모와의 결속이 약한 상태이므로, 상대적으로 독립하기가 더 어려운 경우였다. 딸 은영이는 어려서부터 비교적 결속이 잘 이루어진 상태여서 문제가 덜했던 것이다.

헨리 클라우드는 분리와 독립의 핵심은 결속이라고 말했다.

> "경계선 확립을 위해서는 내면적인 결속이 이루어져야 한다는 사실이다. (…) 결속되는 것은 우리에게 안전함과 분리될 수 있는 능력을 준다. (…) 결속이 먼저 이루어지지 않으면, 우리는 절대로 어떤 사람으로부터 진정한 분리와 독립을 할 수 없다." /헨리 클라우드, 같은 책, p.172~173

결속이 잘 이루어지면 분리가 자연스럽게 일어나고, 자기 정체성이 발전하고 성장하면서 책임 의식이 자리 잡는다. 그러나 결속이 잘 이루어지지 않은 경우에는 성인이 되어도 분리와 독립이 어렵다. 요한이는 결속과 독립의 문제, 즉 경계를 짓는 문제를 동시에 해결해야 했다. 결속이 안 되었다고 해서, 마냥 어린아이로 남아있게 할 수는 없었다.

처음에는 성인이 된 요한이를 데리고 다니며 훈련하는 것이 불가능해 보였다. 하지만 요한이를 건강하게만 할 수 있다면, 무엇이든지 해 봐야겠다고 다짐했다. 이를 위해 기도하며 애써 실천했다.

나는 요한이를 마주하고 내 의견을 말해 주었다. 어릴 때 부모가 잘못한 것들에 관해 정중하게 사과하며 용서를 구했다. 그럼에도 불구하고, 부모에게 욕하는 것은 잘못된 일이라는 것을 분명하게 말해 주었다. 부모가 자식에게 욕을 듣는 것은 감당하기 힘든 큰 모욕이라고도 말해 주었다.

그러고 나서 일상생활에서 지켜야 할 것들을 몇 가지 일러 주었다. 우선, 자동차 대금은 스스로 해결하라고 했다. 군에 입대하면 하겠다고 해서 안 된다고 했다. 주유비를 대 줄 수는 없고, 일을 한다면 빌려줄 수는 있다고 했다. 요한이는 일을 하겠다고 했다. 식사와 청소도 스스로 해결하라고 했다. 요한이는 자신이 그런 일을 스스로 감당해야 함을 이미 알고 있었다. 불가능해 보였던 문제들이 해결되어 가기 시작했다. 아버지가 사랑 안에서 권위 있게 말하면, 자녀가 알아듣고 순종한다는 것을 배웠다.

나는 요한이에게 집에서 지켜야 할 규칙들도 정해 주었다. 게임도 규칙에 포함되었다. 모든 것을 정해진 규칙 안에서 행하도록 지시했다. 요한이는 약속대로 저녁 9시가 되면 게임을 멈추었다. 대신에 설거지나 청소를 하면, 게임 시간을 조금 더 늘려 주는 것으로 보상했다.

요한이는 아버지의 권위 있는 역할 수행에 안정감을 느끼는 것 같았다. 자신을 제한할 수 있는 아버지라는 존재가 있음을 인식해 갔다. 상담을 통한 감정 표현과 아버지의 훈육이 병행되자 요한이가 안정감을 누리게 됐다.

그런데 얼마 지나자, 또다시 규칙을 어기기 시작했다. 정해진 경계를 허물고, 게임을 계속하려고 했다. 나는 기도로 담대함을 얻고, 다시 한 번 요한이와 직면했다. 규칙을 어기고 게임을 계속하면 모뎀을 끊겠다고 했더니, 요한이가 욕하며 나를 치려고 했다. 나는 아랑곳하지 않고 모뎀을 끊어 버렸다. 크게 부딪친 후에 요한이에게 사랑한다고 고백하며 안아 주었다. 요한이도 미안하다고 사과하며, 아빠를 사랑한다고 했다.

이때 타협에 들어갔다. 새로운 규칙을 준 것이다. 오후 7시에 게임을 멈출 것과 일주일에 두 번씩 상담을 받을 것을 제안했다. 요한이가 동의했다. 내친김에 약속대로 일을 해서 용돈을 벌라고 했다. 요한이는 기다려 달라고 했다. 이런 식으로 요한이와 직면하여 대화하면서 훈육해 나가기를 반복했다.

나로서는 정말 감당하기 힘든 일이었다. 어쩌면 요한이 스스로 변화할 때까지 기다리는 것도 좋은 방법일 수 있었다. 그러나 어디까지가 하나님이 하실 일이고, 어디까지가 내가 할 일인지 정확히 구분하기가 어려웠다. 힘들었지만 결과를 주님께 맡긴 채 아버지의 역할을 꿋꿋이 해 나가는 길을 택했다. 그때마다 최선의 길을 좇아 행했다. 늦었지만 이제라도 자녀를 직접 훈육하고자 했다. 이것이 요한이를 향한 나의 사랑이자 책임이라고 생각했다.

좋은 아버지의 역할 5: 인도하기

아내와 내가 병원에 정기 검진을 받으러 갔을 때 전화가 왔다. 전화기 너머로 요한이가 갑자기 불안 증세를 보였다. 공황장애가 온 것이다. 자기 예금 계좌가 마이너스가 된 것을 보고 충격을 받은 모양이었다. 게다가 군입대 날짜가 하루 앞당겨져 곧바로 들어가야 한다는 연락을 받은 것도 영향을 미친 것 같았다.

나는 R박사와 급히 상의했다. 그는 지금 상태로는 요한이를 군에 보내는 것이 적절하지 않다고 조언해 주었다. 그대로 입대하면, 군대에서 자신뿐 아니라 주위 사람들도 힘들게 할

게 분명하다고 했다. 자칫하면, 사회에 큰 짐을 지우는 결과를 낳을 수 있다고 경고했다. 나는 그의 의견에 동의할 수밖에 없었다.

요한이가 군 입대를 위해 학교를 그만두겠다고 했고, 자신이 알아서 준비해 왔기에 딱히 말리지 않았었다. 하지만 군에 가지 않는 것이 요한이에게 유익하다면, 아버지로서 분명하게 안내할 필요가 있다고 생각했다. 그럼에도 불구하고 요한이의 반항과 폭력성을 생각하면, 입대를 막는 일이 매우 부담스러울 수밖에 없었다.

결국 요한이를 사랑하는 마음으로, 어떤 희생을 감수하고서라도 문제를 해결하기로 했다. 저녁에 요한이와 이야기를 나누었다. 그전에 몇몇 목회자들에게 상황을 알리고, 기도 부탁을 해 두었다.

"아빠는 도저히 너를 군에 보낼 수 없을 것 같다."

"왜?"

"지금 스트레스를 많이 받아서 불안 증세를 보이고 있잖아. 게다가 고등학교 때부터 봄마다 학교를 그만두고, 도중에 뛰쳐나오곤 했잖니. 우울증 때문이야. 우울증을 치료받지 않고 그냥 군에 들어가면 큰 상처를 받을 수 있어."

아버지의 역할을 배우다

요한이가 크게 화내며 나를 밀치고 내 머리를 잡더니 얼굴을 가볍게 가격했다. 그러나 나는 단호하게 말했다.

"나를 죽인다고 해도, 이대로 널 보낼 수 없어."

단호한 태도를 보이자 요한이가 자기 자리로 돌아갔다.

"너는 내 소중한 아들이야. 아들이 잘못될 걸 알면서도 보낼 수는 없어. 아빠가 이 어려움에서 너를 꼭 건져 낼 거다. 아빠한테는 교회보다도 네가 더 중요해."

"군대 안 가면, 난 뭘 해?"

요한이가 물었다.

"우선 상담을 받으면서, 차근차근 찾아보자. 지금까지는 너 혼자 결정하며 고통스럽게 살아왔지만, 이제는 아빠가 너와 함께 걸을 거야. 넌 꼭 행복하게 될 거야. 아빠가 심한 우울증에서 벗어나 봤기 때문에 너를 잘 인도해 줄 수 있어. 다만 그동안에는 너를 어떻게 양육하고 가르쳐야 할지 몰라서 헤맸단다. 하지만 아빠도 열심히 배우고 있어. 아빠는 흔들리지 않을 거야. 그러니 아빠 말을 따라 줘."

"이미 사람들한테 군대 간다고 얘기했어. 신병 모병관에게 몇 주 동안 도움도 받았는데, 어떡해?"

"아빠가 반대한다고 말해. 아빠의 의견을 존중해야 한다고 말하면 돼."

단호하면서도 간절하게 계속 설득했다. 요한이가 흥분을 가라앉히고, 경청하기 시작했다. 마침내 "알았어, 알았어" 하고 대답했다. 그러더니 자기 방으로 돌아갔다.

요한이는 곧바로 신병 모병관에게 못 가게 되었다고 문자를 보냈고, 모병관의 전화를 받지 않았다. 이렇게 해서 요한이가 군대 가는 것을 극적으로 막을 수 있었다. 나의 단호한 태도와 요한이를 향한 사랑의 간절한 마음이 이루어 낸 결과였다. 모두 하나님의 은혜였다. 목회자들의 중보기도와 우리 기도에 대한 응답이었다.

이 일을 통해, 요한이에게 가장 필요했던 것은 바로 아버지의 인도였음을 다시 한 번 확인했다. 내가 아버지의 역할을 제대로 하지 않으면, 아들이 스스로 그 역할을 대신하면서 매우 불안한 상태에 빠지게 된다는 것을 배웠다. 아들은 때로는 아버지가 '거친 사랑'으로 경계해 주기를 진정으로 원하고 있었던 것이다. 요한이는 아직 치유가 필요했고, 부모와의 관계를 개선하는 것이 급선무였다. 그로부터 3년이 지난 지금, 요한이는 그때 아빠가 군대에 보내지 않은 것에 대해 고마워하고 있다.

좋은 아버지의 역할 6: 지성을 계발해 주기

　　　　요한이는 입대를 앞두고 3개월간 낮에는 주로 게임만 했다. 상담을 받느라 몇 번 외출한 것을 빼고는 게임에만 몰두했다. 그런데 군에 가지 않기로 결정하자, 무엇을 해야 할지 난감해하는 것 같았다. 여전히 일하기는 싫어했다.

　아내가 새로운 제안을 했다. 일주일간 게임을 하지 않고, 성경을 암송하고 책을 읽으면 용돈을 주겠다고 한 것이다. 말씀한 구절을 암송하면 1달러씩 주는 식이었다. 요한이의 암기력이 대단했다. 한 시간에 50구절을 암송하기도 했으니 말이다.

나는 시립도서관에서 스캇 펙의 《아직도 가야 할 길》의 원서를 빌려다 주었다. 그즈음에 강준민 목사님께 책을 추천해 달라고 했는데, 공교롭게도 같은 책을 소개받았다.

의외로 요한이가 책 읽기에 몰입했다. 다 읽고 나더니, 앉은 자리에서 끝까지 읽기는 처음이라고 했다. 스스로 매우 놀라워했다. 요한이는 책을 통해 자신에게 성격 장애가 있음을 확인하고, 자기 고통이 어디서 비롯되었는지를 알겠다고 했다. 게으름이 죄라는 것을 깨닫고, 문제를 회피하는 태도가 있음도 인정하게 되었다.

아내가 책을 읽으면, 50달러를 주겠다고 약속하자 요한이가 또 책을 읽겠다고 했다. 내가 골라 준 두 번째 책은 데일 카네기(Dale Carnegie)의 《카네기 인간관계론》(How to Win Friends & Influence People)이었다. 요한이가 책을 읽고 나더니 매우 흥분하여 읽은 내용을 우리에게 나누어 주었다. 요한이는 평소에 왜 아무리 애써도 다른 사람들과 깊이 있는 관계를 맺지 못하는지 고민하곤 했다. 그런데 책을 통해 사람과 관계 맺는 원리를 배우고, 자신도 다른 사람들과 관계 맺을 수 있다는 자신감을 얻은 것이다. 나는 요한이가 매우 지적인 아이라는 사실을 비로소 알게 되었다.

요한이는 책에서 배운 것을 실천하기 위해 친구 윌리엄을 만나러 갔다. 학교를 그만둔 후, 수개월 만에 처음으로 친구를 만나러 간 것이다. 그 사이에 교회도 다니지 않고 있었다. 윌리엄을 만나 저녁을 같이 먹고, 대학부 금요 성경 공부 모임에도 참석했다.

요한이는 자신이 성경 공부 모임에 간 이유는 두 가지라고 했다. 첫째는 윌리엄과의 약속을 지키기 위해서였고, 둘째는 자신이 읽은 책의 내용을 실천해 보고 싶어서였다고 했다. 다행히 책에서 배운 대로 실천했더니, 즉시 반응이 나타났다고 했다. 상대방의 말에 귀 기울이며 정죄하지 않고 웃는 얼굴로 칭찬해 주었다고 했다. 자신이 관심을 보이며 겸손하게 대했더니 상대방도 자신을 친절하게 잘 대해 주었다고 했다.

그날 밤 늦게, 요한이는 조 전도사에게 전화해서 다시 교회에 나가고 싶다고 말하며, 하나님과 관계를 세워 가고 싶다고 했다. 다만, 다른 학생들이 자기를 어떻게 생각할지 두렵다고 했다. 조 전도사는 요한이에게 주님 안에서 자존감을 찾으면, 다른 사람의 반응에 신경 쓰지 않게 된다고 조언해 주었다. 용기를 얻은 요한이는 그때부터 다시 교회에 다니기 시작했고, 친구들과도 어울리기 시작했다.

그때 나는 요한이가 책 읽기를 좋아하게 되고, 책 읽는 순간을 갖게 되기를 바라며 기도해 왔었다. 그 기도에 하나님이 신실하게 응답해 주셨다. 요한이는 책에서 자신을 발견해 갔다. 그리고 계속 읽고 싶다며 책을 더 소개해 달라고 했다.

한번은 스캇 펙의 《스캇 펙의 거짓의 사람들》(People of the Lie)에서 집안에 정신병 환자가 있으면, 그로 인해 가족도 영향을 받게 된다는 내용을 읽고, 자신의 정신적인 문제는 함께 사는 고모에게서 많은 영향을 받은 것 같다고 말했다.

요한이의 고모, 즉 내 여동생은 약한 조현병을 앓고 있었다. 내 어머니와 함께 미국에 온 후로, 우리 집에서 10여 년간 함께 살아왔다. 주로 여동생이 요한이를 돌봐 주었다. 요한이는 그동안 우리가 몰랐던 이야기를 해 주었다. 고모가 자신이 6학년 때 이후로 갑자기 상스러운 욕을 하거나 요한이에게 '징그러운 괴물'이라고 자주 불렀다고 했다. 평소에는 괜찮다가도 갑자기 돌변하여 욕하고 때리는 시늉을 했다. 요한이도 지금까지 잊고 지내다가 책을 읽고는 다시 생각났다고 했다.

요한이는 나름대로 과거를 재해석했다. 어렸을 때 욕설과 비하하는 말을 자주 들어서 무의식중에 자신 안에 나쁜 생각과 나쁜 말이 쌓여 온 것 같다고 했다. 요한이는 언어폭력과 학

아버지의 역할을 배우다

대에 시달렸고, 함부로 화내고 일하지 않고 누워만 있던 고모의 모습을 보고 자라서, 자신도 그렇게 살아도 된다고 생각하게 됐다고 했다. 다행히 고모가 은영이는 학대하지 않았다고 했다. 그 같은 정서적인 학대가 자그마치 6년간 계속되었다.

게다가 할머니와 고모가 모든 것을 해 주었기 때문에 집에서 청소나 설거지를 해야 할 이유가 없었다. 그러니 나중에 청소, 빨래, 설거지 등 집안일을 하라고 할 때 쉽지 않았다. 어린 시절, 요한이를 훈련시키는 사람이 아무도 없었다.

나는 처음 듣는 이야기라 적잖이 놀랐다. 그 정도인 줄은 몰랐다. 나와 아내가 사역과 일로 한창 바빠 아이들을 제대로 돌보지 못하던 때에 벌어진 일이었다. 모두 우리 잘못이었다. 이제야 이해되는 부분이 있었다. 고모의 욕과 폭력성이 요한이에게 악영향을 미쳤으리라는 것도 깨닫게 되었다. 상처받기 쉬운 어린 시절에 나쁜 영향을 받고, 깊은 상처를 받았던 것이다. 요한이의 정서장애는 R박사가 지적한, 부모와의 잘못된 결속이 유일한 원인은 아니었음을 알게 되었다.

요한이가 군대에 가겠다고 대학을 그만두고 집에 와 있을 때, 할머니와 고모는 한국에 다시 정착하기 위해 귀국한 상태였다. 그런데 요한이의 고모가 한국 생활에 적응하지 못하고,

아버지가 변하면
아들이 변한다

미국에 다시 오려고 했다. 이제라도 요한이에게 건강한 환경을 만들어 주기 위해서 여동생이 미국에 돌아오지 못하게 막았다. 요한이를 위해 잘한 결정이었다.

우리는 요한이에게 잘못을 인정하고 사과했다. 요한이도 화를 냈지만 더는 추궁하지 않았다. 요한이가 통곡했다. 그동안 너무 고통스럽게 살아왔다는 것이다. 이유를 몰라 더욱 고통스러웠다고 했다. 여러 책을 읽으면서 비로소 문제의 원인을 깨달았다고 했다.

요한이는 자신의 가장 큰 문제로 권위에 순종하지 못하는 것을 꼽았다. 하나님에게도, 하나님이 세우신 권위자에게도 순종하지 못했다고 고백했다. 하지만 이제부터 고쳐 나갈 수 있다고 했다. 한 달여간 매일 성경과 책을 읽고, 스스로 밥을 하고, 청소와 설거지를 했다. 교회에 꾸준히 출석하고, 금요 성경 공부 모임에도 나갔다.

요한이가 자신의 문제를 스스로 해결하려고 노력하는 점이 무척 대견했다. 문제의 원인을 스스로 발견하며, 문제 해결을 위한 노력을 주도적으로 해 나갔다. 문제가 거의 해결된 것만 같았다.

하지만 R박사는 요한이가 책을 읽고 자신을 발견해 가는 과정을 탐탁지 않게 생각했다. 상담이 더 중요하다고 주장했다. 요한이는 책을 읽으면서도 상담에 적극적으로 참여했는데, 책 읽기를 권장하지 않는 R박사를 이해하지 못하겠다고 했다.

급기야 충돌이 생겼다. 책들은 부모에게 탓을 돌리지 말고 요한이 스스로 문제를 해결해 가라고 하는데, R박사는 상담할 때마다 대부분의 책임을 부모에게 돌렸기 때문이다. 상담을 다녀온 날이면 영락없이 요한이의 상태가 나빠졌다. 부모에게 나쁜 태도를 보이기도 했다. 우리는 상담에 문제의식을 갖기 시작했다. 계속해서 부모에게 책임을 묻는 것이 과연 괜찮은가 하는 의문이었다.

어느 날, 요한이가 갑자기 내 방에 들어오더니 10달러를 달라고 했다. 돈이 왜 필요한지를 물었지만, 막무가내였다. 태도가 불손해서 돈을 주지 않겠다고 했다. 요한이가 갑자기 주먹으로 문을 두들기고, 발로 차더니 급기야 방문을 뜯어내고 말았다. 그러고는 곧바로 친구 집에 간다는 말을 남기고 집을 나가 버렸다.

다음날 하루 종일 마음이 불편했다. 기도해도 평안이 없었다. 간절히 기도하고 또 했다. 그렇게 기도하는 가운데 마음속에 비장함이 올라왔다. 요한이와 대면해야겠다고 생각했다. 요한이가 폭력을 쓰면 맞고, 다음부터는 경찰을 부르겠다고 경고하려고 했다. 죽으면 죽으리라고 마음먹었다.

R박사는 요한이에게서 다시는 그러지 않겠다는 다짐과 사과를 받고, 부서진 문을 같이 고치라고 조언해 주었다. 그렇게 하지 않으려면, 집에 들어오지도 말라고 문자를 보내라고 했다. 이것을 부모와의 경계선을 긋는 기회로 삼으라고 했다. 나는 차마 문자를 보내지 못했다. 다만 비장하고 단호한 마음으로 기도하며 요한이와의 대면을 준비했다.

주일 저녁이 되어서야 집에 돌아온 요한이는 상태가 매우 좋아져 있었다. 우리에게 사과하며, 다시는 그렇게 하지 않겠다고 다짐하며 스스로 문을 고치겠다고 했다. 그리고 게임은 10시까지만 하고, 화요일부터는 일하러 가겠다고 했다.

영적인 싸움에서 승리했음을 알았다. 나의 단호한 마음과 비장한 정신에 사탄이 더 이상 개입하지 못하고 물러선 것이었다. 하나님이 나로 하여금 담대하게 해 주셨다. 그것이 사탄을 물리치게 했고, 요한이 자신 안의 어리석음을 물리치게 했다는 생각이 들었다. R박사가 말한 강한 아버지상이 무엇인지 알 것 같았다. 강한 심령과 단호함과 담대함을 지닌 아버지를 말하는 것이다.

요한이가 그동안 자신이 어떤 일을 겪었는지 들려주었다. 방문을 부수고 나간 후에 어느 모임에서 옛 친구 데이비드를 만났다고 했다. 그는 부모와 어려운 관계에 있었고, 혼자 일하며 살고 있으며, 가족의 생계까지 책임져야 하는 상태였다. 그런데도 요한이는 자신보다 성숙한 태도를 보이는 친구의 모습에 감동받았다. 그리고 자신이 바이올라 대학에 갈 수 있었던 것이 얼마나 감사한 일인지를 알게 되었다. 부모에게도 감사하게 되었다.

그때부터 요한이는 데이비드와 매일 만나 교제했다. 그가 일하는 모습을 보고, 자기도 아르바이트를 시작하기로 했다. 다시 열심히 살기로 결심한 것이다.

이러한 변화에는 상담뿐 아니라 책의 역할도 컸다. 요한이는 책을 읽으며 자신을 알아 갔고, 자신을 계발하고자 노력하게 되었다. 그럼으로써 친구들과 다시 사귀기 시작했고, 일도 하게 된 것이다. 불가능해 보이던 일들이 하나씩 하나씩 이루어져 가고 있었다.

나는 요한이에게 책을 읽히고, 그 열매를 보면서 독서에 관한 확신을 더욱 굳혔다. 그동안 강준민 목사님에게서 책의 중요성을 무수히 배워 왔고, 나름대로 책을 읽어 왔지만, 독서에 관한 확신은 요한이를 통해 얻을 수 있었다. 요한이가 책을 읽으면서 내면이 안정되어 가고, 침착하며 온순해지는 것을 봤기 때문이다. 또한, 많은 깨달음을 얻고 기뻐하는 모습도 보였다.

이후로 나는 확신을 가지고 독서하며, 다른 사람들에게도 적극적으로 독서를 권했다. 당시 요한이에게 약 20여 권의 책을 권했고, 요한이는 책 읽는 습관을 갖게 되었다. 요한이는 파커 J. 파머(Parker J. Pamer)의 《삶이 내게 말을 걸어올 때》(Let Your Life Speak)를 읽고 우울증에도 좋은 면이 있음을 배우고, 존 맥스웰(John C. Maxwell)의 《사람은 무엇으로 성장하는가》(The 15 Invaluable Laws of Growth)를 통해 성장의 중요성을 깨달았다. 스캇 펙의 《The Love You Deserve》를 읽으면서는 부모의 사랑에 관해 새롭게 알게 되었고, W. 휴미실다인(W. Hugh Missildine)의 《몸에 밴 어린 시절》(Your Inner Child the Past)을 읽고는 자신의 문제를 더 깊이 들여다보게 되었다. 그리고 엄마에 대한 집착에서 벗어나야 함을 깨달았으며, 집을 떠나야 함을 깨닫기는 했지만 아직 실천할 힘은 없었다.

요한이는 여러 책을 읽고, R박사의 방법이 사랑이 아닌 인위적인 방법임을 깨달았다. 파사데나 시립대학을 그만둔 것은 일종의 도피 행위였음을 인정했다. 지금도 그때 읽었던 책들을 기억하고, 배운 대로 실천하며 살고 있다. 요한이가 정서장애에서 벗어나는 데 독서가 큰 역할을 했다.

요한이와 갈등하던 시기에 나도 독서에서 큰 힘을 얻곤했다. 나 자신을 이해하고, 요한이를 이해하기 위해서, 또 하나님의 뜻을 알기 위해서 여러 책을 읽었다. 책을 통해 현재당한 고난에 대한 하나님의 생각을 깨닫는 데 많은 도움을얻었다. 고난, 고통, 소망, 영성, 우울증, 상담, 복음 등 관련된여러 주제의 책들을 읽었다. 독서로 생각의 지평이 열렸고,사건을 이해하고 해석하는 데 큰 도움을 얻었다.

> "생각을 선택하는 능력이야말로 인간의 가장 기본적 자유
> 요 첫째이자 으뜸가는 자유다. 우리는 그것을 잘 사용해야
> 한다." /달라스 윌라드, 《마음의 혁신》, 복있는사람, 2003, p.188

독서는 생각의 넓이와 깊이를 더하게 해 주고, 글쓰기는생각을 정리하고, 새로운 생각을 할 수 있게 한다.

"글쓰기는 문제의 관점을 새롭게 하는 길이다. 문제는 우리의 삶 속에 곤란함과 불편을 불러일으키기 위해 찾아온다. 그런데 우리를 괴롭히려고 찾아온 이 문제를 오히려 환영하면 문제가 당황한다. 그때 문제는 무력해지고, 우리 곁을 떠날 준비를 한다. 우리가 문제를 환영하고 새로운 재료로 생각한다면, 문제는 기적을 선물해 주고 우리 곁을 떠나갈 것이다."

/강준민, 《목회자의 글쓰기》, 두란노, 2015, p.218

나는 평소에 일기를 쓰는 습관이 있었다. 대부분의 일기가 하나님과 동행하며 깨달은 것들을 적은 것이라 영성 일기라고 할 수 있다. 요한이가 방황하기 시작한 2010년 가을부터는 일기를 더욱 열심히 썼다. 일기가 아니더라도 깨달음이 생길 때마다 적어서 컴퓨터에 저장해 놓았다. 내 두 번째 책, 《전능자의 기운이 나를 살리시고》는 내가 자라면서 기록한 일기를 바탕으로 쓴 것이다. 이번 책도 일기를 바탕으로 썼다. 일기를 쓰면, 내 생각이 어떻게 변화해 가는지를 자세히 알 수 있어서 좋다. 평소에 해 둔 메모가 여러모로 큰 자산이 될 수 있음을 여러 번 경험했다.

좋은 아버지의 역할 7: 함께하기

        은영이가 1학년 2학기를 마치고 뉴욕에서 돌아왔다. 요한이가 아르바이트를 시작한 지 얼마 안 될 때였는데, 온 가족이 옐로스톤(Yellowstone)으로 여행을 떠났다. 요한이와 단둘이 요세미티에 다녀온 지 1년 만에 가는 가족 나들이였다. 요한이가 열심히 살아가는 모습을 보여 주고 있어서 아주 편안한 마음으로 떠났다.

    요한이가 밤새 친구와 놀다가 들어오긴 했지만 출발 시간까지 잠도 자지 않고 기다렸다가 제시간에 함께 출발했다. 출발할 때부터 적극적으로 좋은 태도를 보여 주었다. 첫날 솔트

레이크에서 6시간을 더 운전해서 옐로스톤 서쪽 관문에 도착했다. 가는 내내 나와 요한이가 번갈아 가며 운전했다. 가족 모두 즐거워했다. 요한이와 은영이는 많은 이야기를 나누었다. 요한이가 책을 안 가져온 것을 후회하며 책을 읽고 싶어 했다. 상담가에 대한 고마움을 여러 차례 표현하며, 성숙하고 긍정적인 삶의 태도를 보여 주어서 우리는 기뻐하며 감사했다.

다음 날 아침, 모두 제시간에 일어났다. 책을 읽고 싶다던 요한이는 간밤에 데일 카네기의 오디오북을 찾아서 들으며 잠들었다고 했다. 옐로스톤에 들어가서는 요한이가 경치를 보며 감탄했다. 여러 곳에서 사진을 찍어 달라고도 했다. 가게에서 물건을 살 때면, 끝까지 기다렸다가 물건을 들어다 주었다. 스스로 세상을 긍정적으로 보게 되니 더 배우고 싶고, 더 알고 싶고, 더 경험해 보고 싶어진다고 했다. 앞으로도 계속해서 책을 읽겠다고 했다.

옐로스톤 북쪽에 숙소를 정했다. 요한이와 밤늦게까지 이야기를 나눌 수 있어서 좋았다. 요한이는 여행 후 LA로 언제 돌아갈지 여러 번 물었다. 도착하자마자 상담하러 가고 싶다고 해서 R박사에게 연락하여 일정을 잡아 주었다. 상담에 적극적으로 임하려는 자세가 기특했다. 자신의 문제를 지혜롭게 해결하고자 해서 보기 좋았다. 스스로 해결할 수 없는 문제는 부모나 상담가와 상의해서 풀려고 하는 태도도 좋았다.

다음 날, 요한이가 잠을 잘 자지 못했는지 일어나는 데 힘들어 하며 조금 까칠하게 굴었다. 그래도 제시간에 출발할 수 있었다. 아침 식사를 하자 금세 표정이 밝아졌다. 이야기를 잘 들어주는 부모가 있어서 좋다고 했다. 우리는 요한이의 성숙한 태도를 칭찬해 주었다. 예전 같았으면, 계속 짜증만 냈을 텐데 말이다. 그때그때 감정을 나누고, 조언을 구하는 것이 얼마나 중요한지를 새롭게 깨달아 가는 중이라고 했다. 10시간 정도 운전하고, 2시간 정도 경치를 보는 여정이었지만 기쁘기만 했다.

옐로스톤 아래 있는 그랜드티턴 국립공원(Grand Teton National Park)이 옐로스톤보다 더 아름다웠다. 눈 덮인 산을 지날 때, 요한이가 탄성을 질렀다. 얼마 전에 꿈에서 본 풍경이었기 때문이다. 요한이가 《카네기 인간관계론》을 읽고, 관계의 비결을 깨달은 직후에 꾼 꿈이 있었다. 당시 요한이는 책에 나온 원리를 깨닫고, 그 원리가 현실에 적용되는 것을 보고 매우 신나 있었다. 그 꿈은 요한이의 변화와 회복의 시작을 알리는 사인이었다.

아버지가 변하면
아들이 변한다

요한이가 꿈에서 윌리엄 가족을 본 날 우리에게 얘기해 주었다. 그래서 아내가 윌리엄에게 요한이의 꿈 이야기를 들려주었었다. 그것을 계기로, 윌리엄이 요한이에게 연락하여 교회 모임에 초청했고, 그 덕분에 요한이가 수개월 만에 교회 모임에 나갔고, 예배에도 참석하기 시작했다.

요한이와 윌리엄은 매우 신비롭게 연결되어 있었다. 요한이가 고등학교를 자퇴한 후에 수련회에 갔다가 허은 목사가 헌신을 요청할 때, 일어났던 두 사람이 바로 윌리엄과 요한이다. 윌리엄이 먼저 바이올라 대학에 진학했고, 요한이가 나중에 편입했다. 요한이가 두려움에 떨며 차마 등록하지 못하고 있을 때, 윌리엄이 찾아와 등록을 도와주었다. 하나님의 섭리가 그 둘의 관계 속에 있음을 알 수 있었다. 그 후에 둘이 1년간 같은 아파트에서 생활하기도 했다.

요한이는 경치를 즐기며, 사진을 많이 찍었다. 가족사진을 찍는 데도 매우 적극적이었다. 삶의 소망을 자주 표현하며, 자신도 성공한 삶을 살고 싶다고 했다. 남을 짓밟고 성공하는 것이 아니라 타인에게 좋은 영향을 주며 성장하고 싶다고 했다. 책을 300권 정도 읽고 싶다고 했다. 내가 밤 10시에 인터넷을 끊는 것을 한 달 후에도 계속하자고 제안했는데 받아들였다.

은영이가 신앙 간증을 하자 요한이가 잠잠히 듣고 공감해 주었다. 요한이는 지식을 통해 신앙을 배워 가기를 원했다. 나는 그것도 일반은총이므로, 믿음으로 가는 과정일 것으로 생각했다. 우리는 가족의 좋은 면을 나누며, 과거 잘못을 서로 사과하고, 더 이상 기억하지 않기로 약속했다. 산과 호수와 강이 어우러진 진귀한 풍경을 보며, 여행을 마무리했다.

요한이는 은영이가 드디어 자신을 오빠라고 불러줬다며 좋아했다. 사실 미국에서 오누이 사이에 오빠라는 호칭을 빼고 이름만 부르는 것이 자연스러운 일이지만 한인 이민학생들 특히 자존감이 낮은 아이의 경우 오빠 혹은 형, 언니라는 호칭으로 불리길 원하는 경우가 많다. 요한이는 은영이가 지혜로운 삶을 사는 것을 칭찬하며 격려해 주었다. 또 부모에게 고마움을 자주 표현했고 자신이 좋은 가정에서 자란 것에 감사했다.

요한이는 집에 도착하자마자 상담하러 갔다. 자기 인생을 잘 경영하고자 하는 열망이 보여서 대견했다. 상담을 시작한 지 3개월 정도 지나면서, 완전한 절망에서 소망으로 옮기는 큰 변화를 보이고 있었다.

이번 여행을 통해 가족이 함께하는 시간의 소중함을 새삼 깨달았다. 1년 전, 요한이와 함께한 여행도 매우 좋았다. 요한이의 방황으로 잃어버렸던 시간을 회복하는 뜻으로, 가족이 함께하는 시간을 더 많이 갖기로 했다. 아이들이 어렸을 때, 제대로 이루지 못한 결속의 관계를 늦게나마 이루기 위해 최선의 노력을 기울였다. 지식이 없어 실패하곤 했지만, 모든 것을 하나님의 은혜에 맡기고, 최선을 다하는 것이 중요하다는 것을 깨달았다. 과거는 잊고, 앞으로의 성장을 위해 실천해야 할 일이었다.

> "사랑의 관계에서 깊은 결속 상태에 있을 때 우리가 살아 있으며 성장하고 있음을 잘 보여준다. 격려되었을 때 서서히 죽어 가는 것이다." 헨리 클라우드, 같은 책, p.77

나는 여기에서 한 가지 언급하고 싶은 것이 있다. 어떤 심리학자들은 부모와 아이의 결속의 시기에 결속을 다지지 못할 경우 그 결과가 치명적일 것이라고 말한다. 그래서 결속의 결핍으로 부정적인 영향을 받은 아이는 오랫동안 혹은 평생 상담을 받아야 한다고 생각하는 것 같다. 그럴 수도 있겠지만, 우리에게 필요한 것은 복음적인 접근이다.

즉 결속의 골든타임을 놓쳤더라도 예수님을 만나면, 반드시 회복된다는 믿음이 필요하다. 그런 믿음의 관점에서 무너진 결속을 세우기 위해 더 큰 사랑을 지속적으로 부울 필요가 있다. 우리는 예수님의 치유 능력으로 얼마든지 회복될 수 있다. 이것이 심리학보다 복음이 우월하다는 증거다.

좋은 아버지의 역할 8: 본이 되는 삶을 살기

자녀가 방황할 때, 부모는 더더욱 본이 되는 삶을 살아야 한다. 사람은 들은 대로 행하는 것이 아니라 본 대로 행한다는 말이 있다. 특별히, 자녀는 부모의 영향을 가장 많이 받기 때문에 부모를 보고 자란 대로 자녀도 행할 가능성이 매우 높다.

"아이들이 말을 안 듣는 걸 걱정하지 말고, 아이들이 늘 당신을 지켜보고 있다는 사실을 걱정하라"/로버트 풀검

도스토옙스키(Dostoevskii)는 《카라마조프가의 형제들》에서 부모가 보이는 모범의 중요성을 다음과 같이 강조한다.

"매일 매시간 그리고 매 순간마다 자기 주변을 거닐면서 당신의 모습이 훌륭한지 살피도록 하십시오. 당신은 어린애 곁을 지날 때 상스러운 욕을 내뱉으며 자기 성미를 참지 못하는 나쁜 사람의 모습으로 지나치기도 합니다. 아마도 당신은 그냥 지나칠 수 있겠지만, 그 아이는 당신을 눈여겨보고 당신의 추하고 더러운 모습을 아무 방비도 없는 자신의 가슴속에 남겨둘지 모릅니다. 당신은 그걸 알지도 못하겠지만, 그로 인해 아이의 마음속에는 추악한 씨앗이 뿌려지게 되며 그것은 점차 자라나게 됩니다. 이 모든 것은 당신이 아이들 앞에서 주의를 게을리 한 탓이고, 조심스럽고 활동적인 사람을 가슴속에 키우지 않은 탓입니다." /요한 크리스토프 아놀드, 《아이들의 이름은 오늘입니다》, 포이에마, 2014, p.103: 재인용

딸 은영이는 예수 그리스도와 동행하는 부모의 삶을 매우 자랑스럽게 여기고, 자신도 많이 닮아 가려고 노력했다. 세상적인 가치관이 아닌 성경적 가치관을 가지고 살려고 노력했

아버지가 변하면
아들이 변한다

다. 특별히 가르치지 않았는데도, 그런 선택을 하면서 살아갔다. 학교를 선택하는 것이나 이성 교제나 교회 생활이나 친구와의 교제에서도 무엇이 성경적인가를 생각하며 분별했다. 그러고는 엄마 아빠가 본을 보여 주어서 그대로 배웠을 뿐이라고 말하곤 했다.

반면에, 요한이는 심하게 방황하며 부모에게도 반항했다. 그러나 우리는 언젠가 요한이가 우리 삶을 본 대로 행할 것을 믿음으로 바라봤다. 집에서 늘 기도하고, 하나님의 말씀을 가까이하는 삶의 모습을 보여 주었다. 교회에서는 성도들을 섬기는 모습을 보여 주었다. 매사에 인내하고 절제하며, 타인을 온유하고 겸손하게 대했다. 끊임없이 용납하고, 사랑을 베풀었다. 그리스도의 제자로서 사는 모습을 보여 주기 위해 노력했다. 요한이의 가능성을 믿고, 칭찬하며 격려했다.

무엇보다도 부부간에 좋은 관계를 유지하는 본을 보여 주었다. 항상 의논하고, 동역하며, 서로 존경하고 섬기는 관계의 본을 보여 주었다. 이것이 훗날 자녀의 가정생활의 좋은 모범이 되리라고 생각했다. 그들이 본 대로 행할 것이기 때문이었다. 또한, 평생 학습하는 모습을 보여 주었다. 늘 책을 읽고, 또 책 읽기를 권했다. 그 덕분에 요한이도 책을 즐겨 읽게 되었다.

삶의 본은 강력한 에너지가 된다고 믿었다. 부모의 본은 자녀의 무의식에 깊이 새겨져서 언젠가 자녀의 삶 속에 자연스럽게 나타날 것으로 믿었다. 그것을 믿고 하던 일을 계속했고, 계속해서 좋은 본을 보여 주었다.

요한이가 어렸을 때는 내가 무지하여 잘해 내지 못한 부분이 있지만 그것을 깨달은 후에는 계속해서 좋은 태도로 임하면 하나님이 언젠가 우리 가정의 나쁜 흐름을 끊어 주시고, 좋은 흐름으로 바꿔 주실 것을 믿고 나아갔다.

어려운 시절을 인내하며 인내에 관한 글을 써 보았다.

"인내는 소망 속에 견디는 것이다. 절망 속에서도 아름다운 훗날을 바라보며, 지금의 경주를 계속하는 것이다. 인내는 단지 견디기만 하는 것이 아니다. 하나님의 도우심을 힘입어 견디는 것이다. 하나님의 미소를 바라보며 견디는 것이다. 인내는 하나님을 의지하며 내가 해야 할 일을 하는 것이다. 고통 속에서 하나님의 건지심을 바라보며 견디는 것이다. 깜깜한 터널을 하나님의 손을 붙들고 걸어가는 것이다. 문제를 품은 채 하나님의 건져 주심을 기대하며 걸어가는 것이 인내다. 인내는 고난과 고통 속에서 배우는 영적인 열매요 하나님의 성품이다. 사도 바울은 환난이 인내를 만든다고 했다(롬 5:3). 환난 중에도 하나님을 의지할 때, 성령이 만드시는 성품이 인내다. 인내는 고통과 기쁨이 교차하는 과정이다. 현실의 고통과 소망이 가져다주는 즐거움이 함께한다. 그래서 사도 바울은 "우리가 환난 중에도 즐거워하나니"(롬 5:3)라고 고백했다. 고난이 가져다주는 고통과 아픔 속에서도 소망에 담긴 즐거움으로 넉넉히 견딘다. 예수님도 앞에 있는 기쁨을 위하여 십자가를 참으셨다(히 12:2) 부활의 소망이 있어서 십자가의 고통을 참으실 수 있었다. 사망의 세력은 우리에게 고통과 슬픔만을 안겨 준다. 그러나 생명의 주님은 우리에게 소망을 주시며 고통 중에도 즐거워하게 하신다. 그러므로 인내란 슬픔과 기쁨이 서로 치열하게 싸우는 과정이다. 인내는 단지 수동적인 삶의 태도가 아니라 치열한 싸움 속에서 견디어 내는 열정적인 태도다. 그래서 인내는 어려운 훈련이다."

헨리 나우웬도 인내는 치열하고 적극적인 견딤이라고 했다.

"진정한 인내는 순종적인 기다림, 즉 무슨 일이 생기든지 내

버려둔 채 다른 사람들이 알아서 결정하도록 하는 태도와는 완전히 반대되는 것이다. 인내는 치열한 삶의 현장에 적극적으로 뛰어들어서 우리의 내면과 주변에 있는 고난을 충만히 견뎌 내는 것을 의미한다. 인내란 우리 삶의 내적 외적 사건들을 가능한 한 충만히 보고 듣고 만지고 맛보고 냄새 맡을 수 있는 능력을 말한다. 인내는 눈과 귀와 손을 활짝 열고 우리의 삶 속으로 들어가서 무슨 일이 일어나고 있는지를 진정으로 아는 것을 말한다. 인내는 상당히 어려운 훈련이다."

/헨리 나우웬 외, 《긍휼》, IVP, 2002, p.150~151

고통과 절망 중에도 끈질기게 주님을 바라보면 볼수록, 소망의 능력이 점점 커진다. 소망의 능력이 사망의 능력을 압도하게 되어 결국 승리한다. 인내의 과정은 소망이 성장하는 과정이다. 즐거움으로 기대하면, 슬픔도 고통도 물러간다. 결국, 인내가 승리의 열매를 가져다준다. 그리고 회복의 역사를 경험하게 한다. 이것이 하나님 나라의 역사다.

"끈질긴 그리스도인이란, 하나님을 향한 믿음과 소망과 순종을 절대로 포기하지 않는 사람이다. 어떤 역경이 닥쳐도 말

아버지가 변하면
아들이 변한다

이다. 모든 면에서 잘 끝마치려고 노력하는 끈질긴 그리스도인은 가장 참된 의미에서 하나님 나라의 역사를 만드는 사람이다."/존 비비어, 《존 비비어의 끈질김》, 두란노, 2012, p.23

좋은 아버지의 역할 9: 중보하기

상담을 통해 배운 대로, 나는 요한이에게 아버지의 역할을 제대로 해 주려고 적극적으로 노력했다. 요한이와 많이 직면하다 보니 힘이 들었다. 내 성향에 맞지 않는 일도 해야 하니, 매사에 긴장할 수밖에 없었다. 하나님이 하실 일을 내가 인위적으로 하고 있는 것은 아닌가 하는 생각이 들었지만, 그동안에는 몰랐던 아버지의 역할을 많이 배우는 것이라고 받아들였다. 가장으로서 리더십을 잘 발휘하지 못했었는데, 가장의 리더십을 새롭게 배우고 실천함으로써 긍정적인 결과를 얻을 수 있었다.

그러나 무엇보다도 내게 있어 가장 큰 소망은 하나님이시다. 주님께 끊임없이 문제를 맡기고, 요한이를 위해 중보했다. 기도에 가장 많은 에너지를 쏟았다. 하나님이 도와주시지 않으면, 아무것도 할 수 없음을 잘 알고 있었기 때문이었다. 무엇보다도 나는 중보기도의 능력을 경험해 보고 싶었다. 문제가 시작된 2010년부터 5년간 줄기차게 필사적으로 기도했다.

새벽예배가 끝나면, 늘 하던 대로 무릎을 꿇고 기도했다. 기도하면 마음의 짐이 조금은 가벼워지는 것 같았다. 그러나 어김없이 염려와 고통이 다시 찾아왔다. 교회 사무실에서 일하다가도 수시로 밖을 거닐며 요한이를 위해 기도했다. 기도하면서 언젠가 가벼운 마음으로 미소 지으며 감사기도할 것을 상상했다. 수년간 매일 총알 기도를 쏘아 올렸다. 여전히 내 최선이자 최후의 무기는 기도다.

당시 내가 붙들고 기도한 약속은 시편 말씀이었다.

> 여호와께서 우리를 위하여 큰일을 행하셨으니 우리는 기쁘도다
> 시 126:3

포로 되었던 이스라엘 백성이 시온으로 돌아갈 때, 불렀

던 노래다. 그때 그들은 꿈꾸는 것 같았고, 입에는 웃음이 가득하며 혀에는 찬양이 가득했다. 그들은 하나님이 그들을 위해 큰일을 행하셨다고 기뻐하며 찬양했다. 그리고 "울며 씨를 뿌리러 나가는 자는 반드시 기쁨으로 그 곡식 단을 가지고 돌아오리로다"(시 126:6)라고 노래했다.

나와 아내는 이 약속을 붙들고, 언젠가 하나님이 악한 영에 포로 된 것 같은 내 아들을 주님과 부모에게로 돌아오게 하실 것을 믿음으로 바라보며 기도했다. 울며 뿌렸던 기도의 씨와 사랑의 수고가 기쁨의 열매로 돌아올 것을 바라봤다.

중보기도를 할 때, 나는 한 가지 생각을 붙들었다. 내가 요한이를 위해 기도할 때, 내 마음이 요한이의 마음과 연결될까 하는 생각이 든 것이다. 하나님이 우리 둘을 연결해 주시리라 믿으며 기도했다. 내가 한 영혼을 위해 간절히 기도하면, 하나님의 눈이 그의 위에 머물 것이라고 생각했다. 이것은 지극히 성경적인 생각이라고 여겼다. 그리고 계속해서 중보하면, 그 사람에 대한 부담을 하나님께 더해 드리는 일이 된다고 생각했다.

나는 프랭크 루박의 글에서 나와 비슷한 생각을 발견했다. 그는 텔레파시가 과학적이라고 주장하면서, 기도는 그보

아버지가 변하면
아들이 변한다

다 확실한 공감과 역사를 만들어 내야 한다고 주장한다.

"20억 개의 신경과 뇌세포들은 모두 축소된 전기 배터리들이다. 우리의 뇌는 모든 생각과 함께 희미한 전파를 내보내고 있다. 그러면 주파수를 잘 맞춰놓으면 다른 사람의 뇌에서 나오는 전파를 통해 사상들을 해석할 수 있는가? 그렇다. (⋯) 듀크대학교 라인 교수의 실험은 가장 면밀한 검토 후에도 여전히 유효하다. 한편, 텔레파시를 검증되지 않은 것으로 여기는 심리학자들은 실험을 통해 부정적인 결과들을 얻었다. 아마 이 심리학자들은 라인 교수가 힘들게 포착한 한 가지 요소를 간과했을 것이다. 그것은 '정서적 공감'이라는 요소다. 라인 교수의 실험에서 가장 성공적이던 대상은 바로 사역을 준비하며 공부하는 학생들, 신앙적인 사람들, 서로 온전한 확신이 있고 영으로 하나 된 사람들이다. 공감과 확신은 서로의 마음을 맞추는 라디오의 다이얼과 같다. (⋯) 공감과 확신이 잠재의식 속에서 주파수를 맞추는 데 꼭 필요한 촉매제라면 기도의 실험은 다른 도구를 가지고 하는 실험들보다 훨씬 더 뛰어나야 한다. 우리가 사람들을 실험 대상으로 대하기보다 그들의 행복을 위해 기도한다면 그들은 분명히 더 큰 확신과 열망을 가지고 '마음의 수신기를 켤' 것이다. 사람들은 방어와 불신의 문을 통해 자신과 별로 가깝지 않고 좋아하지도 않는 사람들을 차단시킨다. 기도는 그 문을 여는 가장 좋은 열쇠가 된다. 라인 교수는 실험적으로 기도하기 시작했다. 그는 우리가 묘사한 결과를 똑같이 얻어 냈다. 하지만 더 중요한 것은 그 자신과 하나님의 관계가 달라졌다는 것이다. 그는 기뻐하며 이렇게 썼다. '우리의 삶 속에 하나님이 실제로 존재하실 수 있고 우리의 생각과 행위의 배경에 항상 하나님이 계실 수 있다는 것은 참으로 놀라운 일이다.'" /프랭크 루박, 《돕는 기도》, 규장, 2015, p.85~86

두 가지로 요약할 수 있다. 하나는 우리 생각과 감정을 집중하면, 상대방에게 전달된다는 것이다. 그것을 '텔레파시'라 부르고, 이것은 과학적 사실이다. 또 다른 하나는 다른 사람을 향한 생각과 감정과 소원을 주님께 올려 드리면, 주님이 그 의사소통에 역사하신다는 것이다. 주님의 역사는 인간의 역사보다 훨씬 강력하고 확실하고 또한 바르다. 나는 이 생각을 하나님의 약속을 신뢰하는 데 도움이 되는 것으로 받아들이고, 계속 기도했다.

계속해서 쌓는 기도의 능력을 믿었다. 지난 30년간 그 결과를 계속 경험해 왔다. 박사 학위를 받을 때 축적된 기도의 능력을 경험한 바 있다. 지속적인 기도생활의 충만함의 정도와 심령이 비례한다는 것을 경험으로 알았다.

축적된 기도로 상황을 돌파한 경험이 많으므로, 중보기도에서도 이러한 돌파를 경험해 보고 싶었다. 현실을 보면 불가능해 보일 때가 많았다. 때로는 지칠 때도 많았다. 그러나 가정의 제사장으로서 인내하면서 계속 아들을 위해 중보했다. 기도야말로 가장 강력한 변화의 에너지이며, 치유의 에너지임을 굳게 확신했다.

"더 많은 기도가 드려지도록 기도해야 한다. 그것이 세상에서 가장 강력한 치유의 힘이기 때문이다." /프랭크 루박, 같은 책, p.97

하나님은 그날그날의 기도를 들으시고, 합당한 은혜를 주시는 분이다. 그러나 삶의 방향을 전환하는 것과 같은 큰일에는 간절한 기도가 더 많이 필요할 것으로 생각했다. 밤낮 부르짖는 자의 간절한 믿음의 기도를 어찌 응답하지 않으시겠는가.

7 하물며 하나님께서 그 밤낮 부르짖는 택하신 자들의 원한을
풀어 주지 아니하시겠느냐 그들에게 오래 참으시겠느냐 8 내가
너희에게 이르노니 속히 그 원한을 풀어 주시리라 그러나 인자
가 올 때에 세상에서 믿음을 보겠느냐 하시리라 눅 18:7~8

나는 아내와 여러 사람의 중보기도가 요한이의 영혼을 살
릴 것으로 믿고 기도 부탁을 했다. 언젠가 요한이의 영혼에 성
령의 소망이 부어질 날을 바라봤다. 어거스틴(Augustine)의 어머
니, 모니카(Monica)가 방탕한 아들을 위해 오랫동안 기도한 것
을 늘 떠올렸다. 어느 날, 모니카가 암브로시우스(Ambrose) 주
교를 찾아가자 그는 "기도하는 어머니를 둔 자녀는 결코 멸망
하지 않는다"고 해 주었다. 그후 어거스틴은 회개하고 주님께
크게 쓰임받았다. 나는 그 간증을 마음에 새겼다.

그 밖에도 자녀를 위한 중보기도의 예들에 크게 고무되곤
했다. 그중에 존 뉴턴(John Newton)의 어머니 엘리자베스 뉴턴
(Elizabeth Newton)의 아들을 위한 중보기도가 인상 깊었다.

"존 뉴턴의 어머니, 엘리자베스 뉴턴은 그 아들의 어린 시절
에 많은 기도를 하나님께 드렸습니다. 그리고 일찍 세상을 떠

아버지가 변하면
아들이 변한다

났습니다. 그렇지만 그 어머니의 기도는 땅에 떨어지지 않았습니다. 외아들인 존 뉴턴이 어른이 되는 것을 보지 못할 것을 알기라도 했던 것처럼, 연약했던 어머니 엘리자베스는 아들이 커서 장차 복음을 섬기는 사역자가 되기를 간절히 기도하며, 그녀의 짧은 생애를 아들의 교육에 쏟아 부었습니다. 아들에 대한 그녀의 각별한 사랑과 헌신에도 불구하고, 그녀는 아들이 일곱 살이 되기도 전에 폐결핵으로 사망했습니다. 그녀의 죽음과 함께 아들의 신앙교육도 끝났습니다.

그의 아버지는 선장이었으며 아내가 죽은 지 얼마 지나지 않아 바로 재혼을 했습니다. 그가 열한 살이 되었을 때 그의 아버지는 그를 바다로 데리고 갔습니다. 그때부터 그는 청소년 시절 6년을 항해하며 다니게 되었습니다. 얼마 지나지 않아 존 뉴턴은 노예 상인이 되어 다른 사람들을 비참한 삶으로 몰아넣었습니다. 그 대가로 얻은 돈으로 허랑방탕한 삶을 살아갔습니다. 그러던 중 1748년 3월 31일, 브라질에서 뉴파운드랜드로 가는 항해를 하던 중에 그의 노예 상선이 큰 폭풍을 만나게 되었습니다. 수리가 제대로 되어 있지 않았던 그 배는 사나운 파도에 휩쓸리기 시작했습니다. 그는 물에 쓸려가지 않으려고 배를 붙잡고 밤새도록 배에서 물을 퍼냈습니다. 그러는 과정에서 그는 지난날 거쳐 왔던 신앙생활, 갑자기 바뀌어버린 인생의 방향, 복음을 조롱하고 욕했던 모습 등 자기 인생을 돌아보았습니다. 마침내 존 뉴턴은 몇 년 만에 처음으로 짧지만 간절한 기도를 했습니다.

그 후 〈나 같은 죄인 살리신〉이라는 유명한 찬송가를 썼을 때, 그는 자기가 정말 처음으로 믿음을 갖게 된 때가 바로 폭풍이 몰아치던 그때였다고 고백했습니다. 하나님은 그의 기도를 들으셨습니다." /한은경 역, 《어머니가 주는 최고의 선물》, 2007, 토기장이. p.175~179

요한이를 위해 간절히 중보한 지 5년째 되던 해였다. 어느 날, 내 마음속에 조용한 음성이 분명히 올라왔다. "요한이는 네 아들이기 이전에 내 아들이다. 내가 키우리라"라는 음성이었다. 그 간단한 음성이 계속해서 내 영혼을 울렸다. 간절히 매달리며 기도하면서도, 염려를 떨치지 못하고 있는 내게 주신 음성이었다.

그와 비슷한 시기에 하나님이 요한이에게도 역사하셨다. 방학 때였는데, 샌프란시스코에 사는 외사촌 누이의 아들 지성이가 뇌종양으로 세상을 떠났다. 온 가족이 장례식에 참석하기 위해 샌프란시스코에 갔다. 가는 길에 많은 대화를 나눴다. 특별히 신앙 이야기를 많이 했다.

그런데 돌아오는 차 안에서, 요한이가 사소한 일에 감정을 폭발했다. 한참 괴성을 지르고 난리를 친 후에 잠잠해졌고 우리는 점심을 먹으러 식당에 들어갔다. 요한이는 장례식 때 마음이 너무 힘들어서 감정을 주체할 수 없었다고 고백하며 사과했다. 그리고 전날 밤, 잠자리에서 세상을 떠난 지성이와 하나님에 관해 많은 생각을 했는데, 결국 하나님께 자기 영혼을 맡기겠다는 고백을 했다고 했다. 진실한 고백이었다.

그날 이후 요한이는 하나님에 대한 믿음을 결코 부인하는 일이 없었다. 그러나 예수 그리스도에 대한 믿음에 이르기까지는 아직 시간이 필요했다.

하나님이 "내가 키우리라"라고 말씀하시고, 주신 첫 번째 사인은 요한이가 하나님께 믿음의 고백을 하게 된 것이다. 하나님은 계속해서 문제를 당신에게 맡기고, 자유할 것을 요구하셨다. 아울러 주어진 일에 충실할 것을 당부하셨다. 하나님이 나와 가정의 주인이심을 알기를 원하셨다. 머리로는 알면서도, 온전히 신뢰하지 못하는 내게 신뢰를 끊임없이 가르치셨다. 잠잠히 신뢰하며, 하나님의 하나님 되심을 알도록 훈련하셨다.

> 주 여호와 이스라엘의 거룩하신 이가 이같이 말씀하시되 너희
> 가 돌이켜 조용히 있어야 구원을 얻을 것이요 잠잠하고 신뢰하
> 여야 힘을 얻을 것이거늘 너희가 원하지 아니하고 사 30:15

> 이르시기를 너희는 가만히 있어 내가 하나님 됨을 알지어다 내
> 가 뭇 나라 중에서 높임을 받으리라 내가 세계 중에서 높임을
> 받으리라 하시도다 시 46:10

이 모든 과정에서 하나님이 내게 가장 원하셨던 것은 신
뢰임을 알 수 있다. 염려는 신뢰의 부족을 나타낸다. 그런 면
에서 아들의 방황은 나에게 중년의 선물이다. 신뢰는 주님의
제자로 살아가는 사람이라면 배워야 할 가장 중요한 요소 중
의 하나다.

제임스 허드슨 테일러(James Hudson Taylor) 선교사의 이야기
가 좋은 예가 된다.

"허드슨 테일러의 손자인 제임스 허드슨 테일러 3세가 소년

이었을 때 그와 형제들은 부모가 중국의 변방에서 사역하는 동안 말레이시아에 있는 기숙학교에 있었다. 그때 2차 세계 대전이 발발했고 어린 제임스와 그의 형제들을 비롯해 수백 명의 학생들은 일본군에게 붙잡혀 포로수용소에서 갇혔다. 그 후 선교사 부부는 몇 년 동안 자녀들과 연락을 하지 못한 채 지내야 했다. 그리고 마침내 그 가족들이 아무런 사고 없이 다시 만나게 되었을 때 테일러 여사는 주님이 자신에게 주신 간단하면서도 분명한 메시지에 대해 들려주었다.

'너는 내가 중요하게 생각하는 것들을 돌보고 있으니 나는 네가 중요하게 여기는 사람들을 보살펴 주겠다.'

그녀는 이 확신 때문에 그 힘든 순간을 이겨 낼 수 있었다."

/스튜어트 브리스코, 《시간 도둑》, 디모데, 2008, p.103

요한이를 위해 기도하던 어느 날, 요한이가 내가 평생 붙들고 기도하는 '약속의 계승자'라는 생각을 하게 되었다.

11 하나님이 그에게 이르시되 나는 전능한 하나님이라 생육하며 번성하라 한 백성과 백성들의 총회가 네게서 나오고 왕들이 네 허리에서 나오리라 12 내가 아브라함과 이삭에게 준 땅을 네

게 주고 내가 네 후손에게도 그 땅을 주리라 하시고 창 35:11,12

그동안에는 "네 후손에게도 그 땅을 주리라"에서 '후손'
을 영적인 후손으로만 생각해 왔다. 그러나 이제는 내 육신의
자녀들이 그 후손에 포함되어 있음을 깨달았다. 언젠가 요한
이와 은영이가 내게 주신 하나님의 약속의 계승자가 될 것을
믿음으로 구했다. 그들이 하나님 나라를 소유하고, 그들을 통
해 재생산이 일어날 것을 믿음으로 바라봤다. 그리고 내 육신
의 자녀들이 그리스도의 제자와 일꾼이 되고, 또한 그것을 재
생산하는 사람들이 될 것을 믿고 구했다. 현재 상황은 아니지
만, 언젠가 요한이와 은영이가 주님을 따라가는 제자가 될 것
을 믿음으로 바라봤다. 이것이 내 꿈과 소망이 되었다.

이러한 믿음 아래서 우리 부부는 아이들이 어려서부터 집
을 떠날 때까지 계속해서 저녁마다 가정예배를 드렸다. 특별
히 요한이가 방황할 때, 더더욱 철저하게 가정예배를 드리려
고 노력했다. 당장은 효력이 나타나지 않지만, 언젠가는 그
예배를 받으신 하나님이 자녀들 가운데 역사하시어 좋은 믿
음을 심어 주실 것을 믿었다. 이것이 제사장 된 아버지의 역
할임을 확신한다. 우리뿐 아니라 주위에 기도하는 분들께도

요한이와 은영이를 위한 중보를 부탁했다. 기도가 모이면, 응답이 더 분명해질 것을 확신하기 때문이다.

사춘기 아들을 키우면서 가장 힘든 부분은 경계를 가르치고, 그것을 지키도록 하는 것이다. 경계를 쉽게 허무는 것이 요한이의 약점이라면, 경계를 지키도록 선을 잘 긋지 못한 것은 내 약점이다. 나는 이 부분을 견고하게 해야 했다. 힘들지만 계속해서 힘쓰고 노력했다.

"경계를 설정하는 것은 자녀의 책임감을 개발시켜 주는 데 가장 중요한 부분이다. 경계는 개인이 소유한 선이다. 눈에 보이지는 않아도 매우 실제적이다. 경계는 당신이 끝나는 지점과 다른 이들이 시작하는 지점을 나타낸다. 경계는 당신에게 속한 것과 남에게 속한 것을 알게 해 준다. 경계는 당신이 책임져야 할 것과 책임지지 않는 것을 알려 준다. 경계는 당신에게 불행한 일들이 일어나는 걸 멈추도록 도와준다. 예컨대, 당신이 당신을 좌지우지하고 있는 사람을 거부한다면, 당신은 경계를 긋고 있는 것이다. 하나님은 경계의 창시자이시다. 그분은 자기 성품에 선을 그으신다. 성부, 성자, 성령은 모두 연결되어 있으면서 분리되어 있다. 그분은 자기 자신과 피조물을 구분하셨다." /헨리 클라우드 & 존 타운센드, 《아이의 미래를 위대하게 키워라》, 사랑플러스, 2009, p.122~123

나는 학업을 중도 포기하고 돌아온 아들을 그냥 집에 머무르게 하지 않았다. 자신이 먹은 것을 치우고, 청소하게 했다. 게임을 제한했다. 용돈을 주지 않고 대신 일정한 일을 할 때만 주었다. 정서 상태가 불안정할 때 군대 가는 것을 막았다. 일을 하도록 했다. 집에서 욕을 못하게 하고 폭력에 대해 단호하게 대했다. 문을 부순다든지 식탁을 엎을 때는 반드시 스스로 치우고 수리하게 했다. 잘 안 되면 다시 시도하고 또 시도했다.

아버지의 역할을 배우다

요한이도 경계에 관해 배웠으므로 협력하려고 노력했다. 특히 새로 사귄 데이비드와 밴을 매일 만나며 친구 사귀는 일에 열정적이었는데, 친구들이 모두 일하며 살았기 때문에 도전을 받고, 열심히 일했다. 새벽에 들어와 잠시 자고 일하러 나갔고, 집에서의 규칙도 최대한 지키려고 노력했다.

그러나 얼마 지나지 않아서 갑자기 자신은 그 친구들처럼 일할 필요가 없다는 생각을 하기 시작했다. 옛 습관으로 돌아가서 일하지 않으려고 했다. 다시 경계를 무너뜨리려 했다. 친구들과도 점점 소원해졌다. 깊은 사귐에 어려움을 느끼기 시작했다. 요한이는 늘 친구를 깊이 사귀지 못했는데, 이번에도 마찬가지였다. 그동안에 해 온 모든 일을 그만두고자 했다. 상담도 쉬고 싶다고 했다. 너무 지친 것 같았다.

어려움에 부딪히면, 쉽게 포기하고 마는 성향에서 벗어나지 못했다. 믿음의 진보가 보이지 않았다. 그동안에는 요한이가 일을 포기할 때마다 쉽게 허락해 주었다. 고등학교를 자퇴할 때, 파사데나 시립대학을 그만둘 때, 바이올라 대학을 그만두고 군대에 가겠다고 할 때, 모두 용인해 주었다. 그러나 이번에는 책임감 없이 쉽게 포기하는 것을 용납하지 않았다. 요한이가 훈련받아야 할 가장 중요한 영역이었기 때문이다.

아버지가 변하면
아들이 변한다

무조건 용납해 주기보다 경계를 분명하게 지어 주는 훈련을 했다.

나는 일을 계속해야 한다고 단호하게 말했다. 일하지 않으면 집에 있을 수 없다고 했다. 요한이가 엄청나게 반항했다. 이번에도 거친 말을 내뱉으며 폭력적으로 행동했다. 나는 그렇게 할 거면, 나가서 살라고 했다. 결국 요한이는 일하겠다면서 나갔다.

그런데 오후에 아르바이트하던 회사에서 연락이 왔다. 요한이가 까다로운 손님을 대하다가 참지 못하고 밖으로 뛰쳐나갔다고 했다. 그동안에는 회사에서 분을 내는 일이 없었다. 알고 보니, 요한이가 아빠와 다투고 마음이 안 좋은 상태에서 고객까지 힘들게 하니 울음을 터뜨리며 뛰어나온 것이었다. 저녁에 혼자 들어오기 민망했는지, 친구 밴과 함께 조용히 들어와서 일찍 잠자리에 들었다.

다음 날, 나는 매우 힘든 하루를 보냈다. 집으로 돌아가는 길에 담임 목사님께 조언을 구하기 위해 전화를 걸었다. 아이가 일하는 것이 왜 그렇게 중요하냐고 물으셨다. 아이에게 자유함을 주라고 권면하셨다. 나는 상담가의 의견을 따라 행해 왔는데 좋은 점도 많지만, 아들과의 관계가 계속 멀어지니 혼란스럽다고 토로했다. 목사님은 자신도 상담가의 의견에는 동의하지 않는 부분이 있다고 하셨다. 이런 상태에서는 아무 말 않고 기다려 보는 것도 좋겠다고 조언해 주셨다.

긴장한 상태로 집에 들어왔는데, 요한이가 할 말이 있다며 다가왔다. 한 달 후에 복학할 텐데 그때까지는 일을 쉬고 학기를 준비하고 싶다고 공손하게 말했다. 허심탄회하게 의견을 나누었다. 지난 몇 개월 동안 상담을 받으면서 오히려 서로 관계가 나빠졌는데, 그 원인이 무엇인지에 관해서도 나누었다.

알고 보니, R박사가 요한이에게 한 말과 내게 한 말이 서로 달랐다. 요한이에게는 부모의 책임을 강조하고, 어려운 문제는 피하면서 요한이의 마음을 살만한 이야기만 했다는 것을 알았다. 반대로 내게는 아이에게 강하게 나가야 한다고 계속 주문해 왔다. 반항하면 경찰을 불러야 한다고까지 했다. 이러한 이중 메시지가 많은 문제를 야기했다는 것을 깨달았다. 우선 상담을 끊는 것이 좋겠다고 제안했다. 요한이도 내 의견에 동의했다.

나중에 안 사실이지만, 부모와 자녀가 동시에 한 상담가에게 상담받는 것은 일반적으로 금기시하는 것이었다. 그런데

R박사 개인의 확신에 따른 상담 형태였다. 나름대로 이해되는 면도 있었지만, 부자간의 관계가 감당하기 어려울 만큼 악화되고 있으니 상담을 중단하는 것이 좋겠다고 결론 내렸다.

그때까지는 하나님이 상담가를 통해 많은 일을 하고 계신다고 생각했다. 상담을 통해 청소년 양육법과 아버지의 역할에 관해 많이 배웠다. 요한이가 겪는 문제의 원인도 어느 정도 파악할 수 있었다. 그런데 언젠가부터 상담가가 집안의 모든 문제를 주관하게 되는 지경에 이르렀다. 나의 부족함 탓인지도 모르지만, 예수님이 우리 가정의 주인이셔야 하고, 말씀이 모든 판단과 결정의 근거여야 한다는 중요한 전제가 허물어지기 시작했다. 상담가가 가정의 주관자가 되게 내버려둘 수는 없었다. 신앙적 입장에서 R박사와 상담을 계속하는 것은 부적절하다고 판단했다. 그동안의 도움에 감사하면서도, 상담을 중단하기로 했다.

요한이는 한 달간 집에서 쉬면서, 아무것도 하지 않고 오로지 성경과 책만 읽었다. 교회도 가지 않았고, 일도 하지 않았으며 친구도 만나지 않았다. 다만 게임은 정한 시간까지만 했다. 한 달이 지나자 약속대로 다시 학교로 돌아갔다.

그러나 학기가 시작된 지 일주일 만에 다시 학업을 포기하고 집으로 돌아왔다. 지난 일주일간 너무 힘들었다며 눈물을 흘렸다. 매일 아침 7시 30분에 일어나서 도서관에서 몇 시간씩 공부하고, 기도실에서 기도하기도 했다고 한다. 그런데 공황장애 때문에 공부하기가 힘들 만큼 괴로웠다고 했다. 아무리 집중하려고 해도 집중이 안된다고 했다. 자신이 게을러서 그런 게 아니라며 치료부터 받아야겠다고 했다. 신앙을 거부하지도 않았고, 하나님에 관해 나쁜 말도 하지 않았다.

요한이의 진지한 태도를 보니 진실을 말하는 것 같았다. 안타까운 마음에 잠시 쉬면서 치료법을 찾아보자고 했다. 이제는 상담가도 없고, 주위에 도와줄 사람이 아무도 없었다. 그런데도 6개월 전보다는 오히려 더 평안했다. 갑자기 입에서 찬양이 저절로 흘러나왔다. 초조해하지도 말고 조급해하지도 말자고 생각했다. "내가 키우리라"라고 말씀하신 하나님을 의지하니 마음에 평안이 왔다.

요한이는 집에서 혼자 지내면서 책을 읽었다. 그런데 혼자 있다 보니 우울증과 불안증이 점점 심해지는 것 같았다. 인터넷에서 검색하여 정신과 의사를 만났다. 그는 요한이에게 우울증 진단을 내리며 항불안제를 처방해 주었다.

그런데 요한이가 약을 먹은 후에 잠을 이루지 못하고 새

아버지가 변하면
아들이 변한다

벽에 우리 방에 올라왔다. 정서적으로 매우 불안정한 상태임을 눈치챌 수 있었다. 자신의 문제는 나르시시즘(Narcissism)에 빠진 엄마 탓이라고 우겼다. 그러면서 계속해서 이전에 있었던 일들을 이야기했지만, 사실이 아닌 것들이었다. 은영이도 요한이의 기억들은 사실이 아닌 것들이라고 했다. 상태가 매우 심각해 보였다. 요한이는 자기만 빼고 모두 한패라고 하며 자신을 지지해 주는 사람은 아무도 없다고 했다. 흥분하여 다리를 떨고 앉아 있다가 갑자기 일어섰다. 아무도 아무 말도 하지 못하게 하고 자기만 말했다. 눈빛이 이상했다. 살고 싶지 않다고 중얼거렸다. 아내가 죽고 싶다는 뜻이냐고 물었다. 요한이가 그렇다고 대답하며 1층으로 내려갔다.

아내는 요한이의 우울증이 너무 심각한 상태이니, 경찰에 신고해서 병원에 데려가야 한다고 했다. 내가 1층으로 내려가서 요한이에게 다시 물었다.

"정말로 살고 싶지 않은 거야?"

그렇다고 했다. 평소에 그런 생각을 많이 한다고 했다.

우리는 당장 집을 나서서 경찰서로 향했다. 라크라센타 경찰서에 가서 도움을 청하니 한인 여 경관이 우리 집은 글렌데일 관할이라면서 친절하게 해당 경찰서와 연결해 주었

175

아버지의 역할을 배우다

다. 여 경관과 함께 우리 집으로 돌아왔다. 경찰에게 검사와 응급조치를 부탁했고, 그들이 요한이를 병원으로 데려갔다.

이틀 후에 병원에서 면회가 가능하다는 연락이 왔다. 요한이는 매우 차분한 상태였다. 자신을 그곳에 보냈다고 불평하지도 않고, 조용했다. 잠시 이야기를 나누고 헤어졌다. 담당 응급 의사를 만나니, 그는 요한이가 매우 총명한 아이이며 잠시 이상해졌을 뿐이라고 했다. 지난번에 정신과 의사가 처방해 준 약이 요한이에게 맞지 않았고, 게다가 복용량이 너무 많았던 게 문제였다고 했다. 요한이는 우울증을 위한 약물 치료를 받고, 그룹 치료를 받아야 한다며 다른 의사를 소개해 주었다.

다시 이틀이 지나서 요한이가 퇴원했다. 마중하러 가는 길에 긴장했다. 혹시나 요한이가 나를 원망하거나 공격적으로 나오지 않을까 걱정되었기 때문이다. 그러나 의외로 자유를 얻었다며 매우 기뻐했다. 그리고 곧바로 바이올라 대학에 전화해서 다음 학기 등록에 관해 문의했다.

정신과 병동에 있는 동안에 다른 환자들을 보고, 느낀 점이 많았다고 했다. 그곳에 있느니 차라리 공부하는 게 낫다고 생각한 것이다. 요한이는 그곳에서의 생활을 재미있게 들려

주었다.

첫날은 중증 환자들이 있는 병동에서 수갑에 채워져 8시간을 꼬박 앉아 있었다고 했다. 그다음 날은 고분고분하게 행동했더니 곧바로 일반 병실로 옮겨 주었는데, 그곳에서 사람들의 이야기를 들어주고, 공감하며 위로해 주었더니 사람들의 반응이 좋았다고 했다. 의사도 잘 대해 주었다고 했다. 나름 배운 것이 많다며, 제법 성숙한 태도를 보였다.

집에 돌아온 요한이는 항우울제와 항불안제를 처방받아 먹기 시작했다. 그룹 치료는 몇 번 참석하더니 중단했다. 항불안제가 잘 듣는지 매우 편안해졌다. 그 정도면 다시 공부해도 괜찮을 것 같았다.

요한이는 항불안제가 중독성이 있다면서 스스로 조절하더니 끊었고, 중독성이 매우 적은 항우울제만 복용했다. 약이 효과를 나타내면서 안정을 되찾았다. 약을 먹는 동안에는 차분해지고, 순종적인 태도를 보였다. 매일 집에만 있으려고 하는 것은 여전히 문제였다. 도무지 밖에 나가지 않았다. 집에 있는 운동기구로 근력 운동(workout)만 열심히 했다.

시간이 지나면서 다시 해이해지기 시작했다. 밤에 몰래 게임을 하는 것 같았다. 우리는 요한이가 게임을 하는지 안

하는지는 보지 않고도 직감적으로 알 수 있었다. 게임 할 때
는 매우 거칠어지기 때문이었다.

새해 첫날, 요한이 없이 은영이만 데리고 담임 목사님 댁
에 인사드리러 갔다. 우리는 매년 목회자와 교회 직원 가족
이 모여 신년인사를 해 왔다. 돌아 와서 아내가 집에 있는 요
한이를 보며 화난 말투로 게임을 이제 그만하고, 제대로 생활
하라고 한마디 했다. 그러자 요한이가 갑자기 폭발했다. 최근
몇 달간 보지 못했던 큰 분노였다. 욕설을 퍼부으며 거실의
물건들을 던지고, 꽃병으로 아내를 치려다가 바닥에 내던졌
다. 거실이 순식간에 아수라장이 되었다. 잠시 후에야 잠잠해
졌다.

순간, 가장으로서 가족을 폭력으로부터 지켜야겠다는 생
각을 했다. 그러려면 요한이에게 경계를 분명히 지어 주어야
했다. 요한이가 성인으로서 스스로 자기 삶을 살게 하려면,
더 이상 집에 두어서는 안 되겠다고 생각했다. 아픈 것을 핑
계로 앞으로 나아가지 않으려 하고, 쉬운 길만 가려는 태도를
보여 왔기 때문이다. 그런데도 나는 요한이를 온실 속에서 보
호하고만 있었던 것이다.

비장한 각오를 하고, 아내에게 경찰을 부르겠다고 했다.

아내도 동의했다. 여러 명의 경찰이 집에 와서 거실에서 깨진 꽃병과 흩어진 물건들을 봤다. 한 경관이 요한이를 불러서 차근차근 얘기를 나눴다. 몇 살인지를 묻고, "너는 이 집의 왕이 아니다"라고 말해 주었다. 그 경관이 내게 어떻게 하기를 원하는지 물었다. 나는 아이를 집에서 내보내고 싶다고 했다. 경찰이 도와주겠다고 했다. 나는 경찰 입회하에 요한이에게 말했다.

"요한아, 이제부터 집에서 나가 살아라. 한 달 생활비는 줄 테니 당분간 그것으로 살아라. 차는 가지고 가도 좋아."

요한이가 눈물을 흘리며 아무 말도 없이 짐을 챙겨서 차를 몰고 떠났다.

요한이가 떠난 뒤에 내가 문자를 보냈다.

"만일 학교로 돌아간다면, 졸업할 때까지 기본적인 생활비와 학비는 지원해 주겠다. 하지만 학교로 돌아가지 않을 거면, 스스로 벌어서 생활해야 한다."

눈물을 흘리며 집을 떠나는 아들을 바라보는 심정이 너무 비통했다. 그처럼 잘해 보려고 노력했는데, 자녀 양육에 실패했다는 생각에 고통스러웠다. 경계를 가르치는 일이 이렇게 어려운가 하는 생각에 자괴감이 들었다. 뒤늦게라도 경계 훈련을 하려고 했지만, 불가능한 일이었나 하고 생각했다. 요한이가 집을 나가서 과연 어떻게 살아갈지 염려되기도 했다.

생각해 보니, 지난 5년 반 동안 오르락내리락 부침이 있기는 했지만, 전체적으로 상태가 계속 악화되어 간 느낌이었다. 점점 더 어두움 속으로 들어가는 듯했다. 우리 가정에 새벽은 언제나 올 것인가? 언제 우리 가정에 환한 빛이 비출까? 소망의 빛이 더욱 가늘어지는 것만 같았다.

3.

전진하는 아들을

보는 기쁨

아버지가 변하면
아들이 변한다

요한이를 내보내고 나서
우리는
마음을 졸이며 살았다.

아내는 금식하며 간절히 기도했고, 기
도와 말씀으로 평안을 얻었다. 요한이는 친구 브라이언의 집
에서 생활했다. 집을 나간 다음 날 밤에 브라이언과 함께 집
에 왔었다. 마침 나는 집에 없었고, 아내만 퇴근길에 그들을
만났다. 요한이가 아빠에게 미안하다고 전해 달라고 부탁하
고는 떠났다.

나는 요한이에게 문자로 편지를 보냈다.

"요한아, 아빠가 없는 사이에 브라이언과 함께 다녀갔다고 들었다. 아빠한테 미안하다는 말을 전해 달라고 했다더구나. 그날 네 행동은 정도가 지나쳤다. 지금도 생각하면 끔찍해서 마음이 힘들구나. 그래도 네 사과를 받는다. 그리고 용서한다. 아빠는 여전히 너를 사랑한다. 네 거친 행동 때문에 우리 사이에 경계선을 긋기 위해 집을 나가라고 한 것이다. 한 가지 이유가 또 있다. 네가 부모에게서 독립하여 스스로 서는 법을 배워야 하기 때문이다. 우선 한 달간 스스로 생활하며 계절학기 한 과목을 잘 마쳐라. 그러고 나서 학교에 가면 주말마다 집에 오는 것을 허락하겠다. 공부하는 동안은 학비와 생활비를 지원해 주겠다. 하지만 공부하지 않으면 그때는 네가 스스로 일하며 살아야 한다는 것을 명심해라. 학교에 가기 전이라도 집에 와서 짐을 가져가도 좋다. 공부하고, 상담도 받고, 필요하다면 의사 선생님도 만나도록 해라. 교회에서 친구들과도 잘 지내고…. 기억해라. 너는 내 아들이고, 나는 너를 여전히 사랑한다. 네가 스스로 생활할 수 있도록 도울 것이다. 교회에서 가끔 만나게 되겠지. 건강하게 지내라. 브라이언과 그의 엄마에게 감사하다고 전해 주면 좋겠다."

12일이 지났다. 나와 아내의 영혼 상태가 훨씬 좋아졌다. 해야 할 일을 했다고 주님이 확증해 주시는 것 같았다. 아브라함이 하나님의 명령에 순종하여 아들 이삭을 바치려고 했듯이, 나 또한 내 아들을 주님께 바친 것임을 알 수 있었다. 내 영혼이 제자리를 찾은 느낌이었다.

아버지로서 권위를 지키는 것이 현재 내가 하나님의 뜻에 순종해야 할 일임이 분명했다. 그저 받아만 주는 것은 자녀를 망치는 것이며 하나님을 기쁘시게 하지 못하는 것임을 분명히 깨달았다. 시간이 갈수록 경계를 분명히 세운 것은 잘한 일이라는 내적인 확신이 확고해졌다. 멀리서 지켜보니, 요한이는 교회에서 친구들과 어울리며 예배도 잘 드리는 것 같았다. 한 성도가 요한이의 얼굴이 매우 평안해졌다고 말해 주었다. 친구들과 잘 어울리고 있으며 공부도 계속하고 있다는 소식을 간접적으로 전해 들었다.

과잉보호를 멈추고, 아들을 담대하게 세상에 내놓았다. 하나님의 손에 온전히 맡겨 드린 것이다. 요한이가 스스로 하나님을 찾아갈 것을 믿음으로 바라봤다.

어느덧 중력을 벗어난 로켓처럼 자유함이 몰려왔다. 문제로 인해 짓눌렸던 무게에서 벗어나게 된 것이다. 문제보다 크신 하나님이 보이기 시작하면서 두려움과 불안에서 벗어났다. 영적인 싸움에서 승리하니 벅찬 감격이 몰려왔다.

아버지의 권위를 회복하다

말로 표현할 수 없는 기쁨이 생수처럼 내 안에 샘솟았다. 어디서 비롯된 것일까? 요한이를 집에서 내보내고 나서 찾아온 기쁨임이 분명했다. 경찰의 손을 빌려 아들을 쫓아냈는데, 왜 기쁠까? 기쁨과 평강이 보름이 지나도록 사그라지지 않았다. 오히려 점점 더했다. 이따금 안 좋은 생각과 염려와 불안이 올라오긴 했지만, 주님 앞에 나아갈 때마다 어김없이 기쁨이 다시 찾아왔다. 인간적으로 볼 때는 고통스러워야 마땅한데 전혀 그렇지 않았다.

요한이가 스스로 잘 해낼 것이라는 확신이 들었다. 실제로 요한이는 집에서보다 훨씬 더 잘 살아가고 있었다. 친구들과 꾸준히 어울리며 공부하고 운동도 했다. 하루는 내게 전화해서 피트니스(fitness) 할 돈을 지원해 달라고 했다. 부모를 원망하거나 괴로워하고 있지 않다는 것을 알 수 있었다. 여전히 우리를 부모로 여기고 있었다.

결국 내 행동은 하나님의 뜻을 따라 행한 것임을 알 수 있었다. 성령이 역사하시고 계심이 분명했다. 그동안은 요한이가 부모에게 너무 의존하고 있었다. 아브라함이 롯과 헤어져야 할 때가 있었듯이, 우리도 요한이와 헤어져야 할 때가 왔던 것이다. 그러자 아브라함을 크게 위로하셨던 하나님이 우리도 위로해 주셨다. 부모와 자녀가 함께 있어야 할 때가 있고, 떨어져야 할 때가 있음을 알았다. 그때를 주관하는 이가 곧 하나님이심을 분명히 체험했다.

나는 아버지로서 거친 사랑를 실천했다. 자녀를 양육하면서 훈계해야 할 때는 반드시 훈계해야 함을 배웠다. 그것이 하나님의 뜻이며, 아비로서 마땅히 행해야 할 의무임을 알았다.

12 훈계에 착심하며 지식의 말씀에 귀를 기울이라 13 아이를 훈계하지 아니하려고 하지 말라 채찍으로 그를 때릴지라도 그가

죽지 아니하리라 14 네가 그를 채찍으로 때리면 그의 영혼을 스올에서 구원하리라 잠 23:12~14

훈계는 자녀 양육에 있어 중요한 원리다. 부모가 순종해야 하나님이 일하실 수 있다. 하나님의 뜻에 순종하니, 하나님이 임하시는 기쁨이 있었다. 하나님이 주시는 위로의 기쁨이 있었다.

하나님은 한 가정의 아버지인 내 삶을 다스리기를 원하셨다. 그 뜻이 무엇인지 찾아 순종하는 것이 곧 지혜다. 하나님은 내가 강한 아버지가 될 때까지 기다려 주셨다. 결국, 나는 하나님께 순종함으로써 승리했다. 아들의 악한 행위에 제재를 가함으로써 승리했다. 마땅히 훈계해야 할 일을 함으로써 승리했다. 아버지의 권위를 제대로 행사함으로써 승리했다. 그러자 이삭의 우물 파는 일을 방해하던 블레셋이 세 번째 우물에서는 더 이상 공격하지 않았던 것처럼, 악한 영이 우리 가정을 더 이상 공격하지 않았다.

아버지로서의 권위를 바로 세우자 내 삶에도 변화가 생겼다. 인간관계에 선한 영향력이 생긴 것이다. 하나님은 부드러운 사랑뿐 아니라 거친 사랑도 실천하라고 하셨다. 경계를 분명하게 짓는 사랑도 필요함을 가르쳐 주셨다. 하나님을 믿고, 책망해야 할 때는 단호하게 책망할 수 있어야 했다. 사랑에도 분별력이 필요했다. 사랑한다면, 온유하면서도 단호해야 함을 가르쳐 주셨다. 때를 분별하고, 사람을 분별해야 할 줄 알아야 했다.

모든 문제에는 해답이 있기 마련이다. 그것을 찾아 행하는 것이 지혜다. 그렇게 하는 것이 곧 하나님의 뜻을 행하는 것이며 최선의 길이다. 하나님께 붙어 있으면, 해답을 찾을 수 있다. 가장 절묘한 시간에 그 뜻을 행하게 된다.

요한이가 집을 나간 지 3주가 지났다. 어느 날, 중등부 담당 이 목사의 결혼식장에서 요한이와 마주쳤다. 우리에게 먼저 다가와 자신은 잘 지내고 있다고 말해 주었다. 얼굴이 평안해 보였다. 결혼식이 끝나자 요한이가 담임 목사님을 찾아 뵙고 주례 설교 말씀을 잘 들었다고 인사했다. 조 목사(조 전도사는 그사이 목사 안수를 받았다.)와는 긴 통화를 두 번이나 했는데, 울면서 자신은 예수님이 필요하며 예수 그리스도에 대한 확신이 생겼다고 말했다고 한다.

어느 날 요한이가 전화했다. "아빠" 하고 말하더니 한동안 말을 잇지 못했다. 흐느끼는 것 같기도 했다. 한참 후에 "아

아버지가 변하면
아들이 변한다

빠, 미안해"하고 두 번이나 말했다. 어떻게 지내느냐고 물었다. 요한이가 차분하면서도 겸손한 태도로 대답했다.

"이틀만 있으면 계절 학기가 끝나. 이제 상담은 안 가. 약도 안 먹어. 더 이상 약이 필요 없기 때문이야. 약을 끊을 때는 머리가 아팠는데, 이제 괜찮아. 약 없이도 잘 살아. 지난번에는 게을러서 약을 의지했던 거야. 친구들과 함께 기뻐하고 슬퍼하면서 잘 지내. 집에서 지낼 때보다 지금이 더 좋아. 2월 초에 학교에 가기 전까지 친구 집에 있을 거야. 다음 주부터는 택시 기사 아르바이트를 시작할 거야. 다음 주에 한번 만나서 식사해. 아빠 생일이잖아."

요한이의 변화에 마음이 울컥했다. 고맙고 감사한 마음이 들었다. 주님께 감사했고, 요한이에게도 고마웠다. 거짓말하는 것 같지 않았다. 생각했던 것보다 훨씬 더 긍정적으로 변화하고 있음이 분명했다. 우리 관계가 올바로 자리 잡고 있음을 느꼈다. 아들이 아버지의 권위를 인정하며, 영혼이 정돈된 모습을 보여 주었다.

하나님 뜻에 순종하여, 하나님께 아들을 맡겼더니 모든 관계가 제자리를 찾아갔다. 비록 공권력을 빌어 요한이를 억지로 내보내긴 했지만, 하나님께 요한이를 맡겨 드리는 순종

의 행위였던 것이다. 하나님이 내 아들 요한이를 다루시는 것

을 느꼈다.

승리의 길을 택하다

　　　　　요한이가 내 생일을 기억하고 함께 식사하자고 해서, 아내와 함께 식당에 갔다. 요한이가 집을 나간 지 30일 만에 하는 가족 식사였다. 요한이는 정신적으로 건강해 보였다. 솔직한 고백도 했다. 자신은 부모의 과잉보호로 인해 버릇없고 게으른 사람으로 살았다고 했다. 그러나 밖에 나가서 살다 보니 정신을 차리게 되었고, 살 궁리를 찾게 되더라고 털어놓았다.

　요한이는 집에서 쫓겨난 후 며칠은 서운함에 마음이 어려웠다고 했다. 죽을지 살지 선택의 기로에 선 것 같았다고 했다. 패배자로서 죽을지 아니면 승리자로 살아남을지를 심각하게 고민하여 선택해야 했다. 결국, 승리자로 살아갈 길을 선택했다. 요한이는 그동안에 애써 만들어 놓은 근육이 아까워서 살기로 했다고 농담할 정도로 여유로웠다.

살기로 하니 정신이 났다고 했다. 친구 집에서는 바닥에서 자야 했다. 얹혀사는 신세니만큼 집안일을 열심히 돕기도 했다. 계절 학기로 한 과목을 마쳤다. 교회에 열심히 다니며 친구도 사귀었다. 기도도 여러 번 했다.

집에 있을 때는 부모에게 기대면 되었지만, 쫓겨나고 나니 스스로 일어서야만 했다. 이제 여유가 생겨서, 택시 운전 일을 해 보기로 했다. 자유롭게 지내니 지금이 좋다고 했다. 요한이는 자신의 상황을 긍정적으로 해석하고, 부모를 원망하지 않았다. 항우울제 없이도 잘 산다고 하니, 정신적인 문제에서 벗어난 것이 분명했다. 불안증과 공황장애도 사라졌다.

요한이에게 목표가 생겼다. 다음 세대를 위해 살아야겠다는 사명감이 생겼다. 하나님으로부터 오는 소명은 없었지만, 직감적으로 다음 세대를 위해 살아야 함을 깨달았다. 하고 싶은 일이 많다며, 회계를 공부해서 Deloitte, Ernst&Young, KPMG, PwC 등 Big 4 회계법인 중 하나에 들어가겠다고 했다.

그때까지 요한이에게 받아 본 생일 선물 중에 가장 근사한 선물이었다. 하나님께 감사했다. 요한이의 신앙이 더욱 바로 서고, 교회를 소중히 여기는 마음도 생긴 듯했다. 삶의 의지가 강해진 것에 감사했다. 내 기도에 응답해 주셨다. 불가능할 것 같던 일들이 일어났다. 하나님께 깊은 감사를 올려드렸다.

아들과 자연스럽게 교제하다

봄 학기가 시작될 때, 요한이는 집을 얻어 윌리엄과 함께 살기 시작했다. 첫 주가 지나자 전화가 왔다.

"아빠, 이번 주 첫 수업 잘 마쳐서 기분이 좋아. 숙제도 다 냈고, 충분히 잘 해낼 수 있을 것 같아. 오늘은 내일 내야 할 숙제를 모르고 미리 냈지 뭐야. 해야 할 일을 하니까 기뻐. 매일 기쁨이 더 커지고 있어. 잘 나간다고 교만해지면 안 되는데, 어떡하지? 겸손하게 살고 싶은데 말이야. 이제 보니, 게으르게 살고, 외톨이로 지내는 게 문제였어. 그래서 우울증도

오고, 불안장애도 온 거야. 밖에서 열심히 사니까 우울증도 불안장애도 없어졌어. 수업도 따라가기 어렵지 않아. 이제야 왜 사는지 알겠어. 좋은 아내를 얻으려면 더 열심히 살아야 하는데…. 나도 좋은 가정을 이루고 싶어. 엄마 아빠가 고생해서 우리에게 좋은 것을 전해 주었는데, 나도 내 자녀들에게 좋은 것을 남겨 줘야지. 다른 사람들에게도 도움이 되는 삶을 살고 싶어. 친구 부모님들이 자기 아들도 나처럼 밖에 나가서 독립해서 살았으면 좋겠대. 내가 좋은 본이 된대. 나중에 졸업하면, 담임 목사님께 부탁해서 간증 한번 해 보고 싶어. 이제 난 하나님께 모든 것을 맡겼거든. 은영이에게도 미안하다고 말했어. 그 말이 진실이 되도록 노력할 거야. 집에 들어가고 싶기도 하지만, 게을러질까 봐 안 들어갈래. 한 주를 잘 보내서 아빠에게 말하고 싶어서 전화한 거야. 아빠도 잘 지내."

주일 저녁이면, 요한이가 전화해서 그동안에 있었던 일을 들려주었다. 생활하다가 부딪힌 어려운 문제들도 나누었다. 대화하는 태도가 계속해서 좋았다. 예전 같았으면 어느 순간에 분노가 터지면서 욕설이 나왔을 텐데, 계속 차분함을 유지했다. 요한이는 자기 이야기를 들어주기를 바랐다. 그동안 자기 말을 들어주는 사람이 없어서 외로웠다고 했다. 통화를 끝낼 때는 들어주어 고맙다고 인사까지 했다. 아버지와 아들의 교제가 자연스럽게 이루어졌다.

그것은 기적이었다. 전에 R박사가 아버지와 아들이 교제해야 한다고 했을 때, 나는 그것이 불가능한 일이라고 생각했다. 그런데 이제 현실이 되었다. 성령의 역사라고 할 수밖에 없었다. 그동안 "여호와께서 우리를 위하여 큰일을 행하셨으니 우리는 기쁘도다"(시 126:3)라는 말씀을 붙들고 기도했는데, 약속의 말씀대로 하나님이 큰일을 이루시고, 우리로 하여금 기쁨을 누리게 하셨다.

하나님이 일하시면 그 결과가 달라진다. 우리가 일할 때보다 훨씬 탁월한 결과를 얻을 수 있다. 하나님은 완전하시며 탁월하시기 때문이다. 인간의 일은 불완전할 수밖에 없지만, 하나님이 하시는 일은 완전하다.

나는 신앙생활을 통해 하나님의 완전하심을 경험해 왔다. 내 박사 학위 논문도 하나님이 탁월하게 만들어 주셨다. 노스웨스턴 대학교에서 박사후 과정을 할 때도 하나님이 일하셔서 탁월한 연구 결과를 낼 수 있었다. 미국에 와서도 하나님의 임재를 경험케 하시고, 목회하면서 놀라운 은혜를 많이 경험하게 하셨다.

하나님은 요한이도 탁월하게 키워 주고 계셨다. 집을 나간 후 두 달 동안, 요한이는 기적 같은 일들을 해냈다. 하나님이 친히 일해 주신 덕분이었다. 약간의 방해가 있었지만, 요한이는 넉넉히 이겨 나갔다. 그리고 계속 전진해 갔다. 이전과는 다른 태도로 살아갔다. 하나님이 약속의 말씀대로 일해 주셨기 때문이다.

하나님이 일하시기까지 우리가 노력하는 것도 매우 중요함을 배웠다. 열매가 보이지 않을 때도, 포기하지 않고 기도를 쌓아야 한다. 또 최선으로 노력해야 한다. 그런 태도를 하나님이 존귀하게 여기신다. 하나님은 하나님의 때에 하나님의 방법으로 일하신다. 우리는 믿음을 가지려 노력할 뿐이다.

믿음도 하나님이 주시는 것이다. 하나님을 추구하고, 순종하려고 노력할 때, 믿음의 은혜를 부어 주신다. 결국, 온전한 믿음은 하나님의 선물이다. 불완전한 믿음이라도 주님 앞에 가져가 구하는 것이 중요하다. 그러면 주님이 완전한 믿음을 선물로 주시기 때문이다. 하나님이 일하실 때, 기도 응답이 즉각적이다. 요한이에 대해 믿음이 생기고, 감사가 우러나왔다. 성령이 역사하심을 알았기 때문이다.

전진하는 아들을 보는 기쁨

"아빠, 끝까지 해 볼 거야"

        한밤중에 요한이에게서 전화가 왔다. 까다로운 교수의 과목을 포기하고 싶다고 했다. 교수가 자신을 경시하는 듯한 말을 자주 해서 신경 쓰였는데, 이제 더 이상 마음고생하고 싶지 않다고 했다. 나는 스스로 잘 결정하라고 했다. 하지만 한 과목을 취소함으로써 다른 과목에 영향을 미치거나 생활에 영향을 끼쳐서는 안 된다고 했다.

    왜냐하면, 지난날의 실패가 늘 거기서부터 시작되었기 때문이다. 요한이는 고등학교 때부터 공부하다가 어려운 과목을 만나면, 그 한 과목을 취소했다가 결국에는 다른 과목들도 모두 포기하곤 했다. 그렇게 무너지는 모습을 반복적으로 보여 왔다. 나는 불안했지만, 결과를 하나님께 맡기기로 했다. 그런데도 도통 잠을 이룰 수가 없었다. 또다시 무너지는 모습을 보게 될까 봐 걱정되기도 했다. 요한이를 위해 간절히 기도했다.

새벽에 요한이에게서 문자가 왔다.

> "아빠,
>
> 나 그냥 끝까지 해 볼 거야."

곧바로 답장해 주었다. 아빠가 생각해도 그게 최선인 것 같다고 말해 주었다. 그렇게 하면 큰 승리를 경험하고 훌륭한 인물이 될 것이라고 칭찬하며 장하다고 했다.

"끝까지 해 볼 거야."

그동안 요한이에게서 들은 말 중에 가장 아름다운 말이었다. 그때서야 나는 잠을 편안히 잘 수 있었다.

요한이는 어려움을 스스로 극복해 가며 학기를 잘 보냈다. 새로운 단계로 접어 들어간 것 같았다. 때가 찬 것이 아닌가 싶었다. 그동안 쌓이고 쌓인 기도가 이제야 빛을 발하는 것 같은 생각이 들었다. 기도한 것이 현실로 나타났다. 그때까지

기도가 보이지 않는 영역에서 말씀의 뿌리를 내리는 역할을 했다면, 이제는 말씀이 밖으로 자라 열매 맺게 하고 있었다.

기도에는 이상과 현실 사이의 간격을 줄여 가는 힘이 있다. 기도 덕분에 그 간격이 점점 줄어들고 있음을 느꼈다. 요한이는 계속해서 긍정적으로 변화해 갔고, 적극적이며 진취적인 사람으로 성장해 갔다. 누군가를 위해 기도하면 할수록, 그가 더욱 성장하고, 더 많은 열매를 맺는다는 진리를 나는 경험하고 있었다.

아버지가 변하면
아들이 변한다

자기중심의 믿음을 버리다

학기 말이 되자 요한이의 태도가 흐트러지는 것을 느꼈다. 다시 게임을 시작했다는 느낌이 들었다. 예전처럼 마음이 해이해져 갔다. 한번은 내게 불만을 터뜨렸다. 자신을 집에서 내쫓다니, 비겁하다고 했다. 나는 당시 상황을 다시 분명하게 되짚어 주었다. 그리고 독립해서 살 수 있도록 도운 것이었다고 말해 주었다. 요한이는 아무 말도 하지 않았다. 학기 말에 흐트러진 탓에 아쉽게도 수강과목의 반은 B학점으로 마쳤다.

방학 때, 요한이는 케냐 단기 선교에 참여하기로 했었지

205
전진하는 아들을 보는 기쁨

만, 훈련을 제대로 받지 못했다. 우리 부부는 알바니아와 터키로 단기 선교 여행을 떠났다. 갑바도기아에 이르렀을 때 전화가 왔다. 요한이가 훈련에 여러 번 빠져서 단기 선교에 참가하기 어렵게 되었다고 말했다. 나는 어떻게든 참석하라고 요한이를 설득했다. 참석하겠다고 대답하긴 했지만, 결국 스스로 포기하고 말았다.

요한이가 단기 선교에 참여하지 않으면, 방학 3개월 동안 자취집에 혼자 있어야 했기 때문에 심히 염려가 되었다. 윌리엄은 인턴십을 하느라 다른 주에 갔기 때문이다. 그동안의 경험으로 미루어 볼 때, 요한이가 스스로 고립되며 다시 안 좋은 상태로 빠져들 수 있었다.

그러나 이때 하나님은 내 안에서 이미 새로운 일을 시작하고 계셨다. 알바니아를 거쳐 터키 동부에 도착해서 우리를 인도하시는 이 선교사님의 터키 사역을 돌아보고, 임혁 목사님과 함께 수양회를 인도했다. 몸살과 고산병이 겹쳐서 앓았다. 마음이 어려워서 몸까지 아픈 게 아닐까 하는 생각이 들었다.

게다가 단기 선교를 준비하는 동안에 선교사님과 약간의 갈등이 있었다. 불편한 마음으로 만나야 했다. 이 선교사님은

아버지가 변하면
아들이 변한다

우리 선교 팀을 인솔하는 동안, 계속해서 복음을 강하게 외쳤다. 특별히 메시지를 통해 우리 기도의 문제점을 계속해서 지적했다. 주기도문과 다른 방식으로 기도하는 한국 교회를 질타했다. 자기중심적으로 기도한다는 것이다. 그 메시지를 들었을 때, 처음에는 내 기도가 그 범주에 속한다고는 생각하지 않았다.

나는 처음 믿을 때부터 기도에 힘써 왔다. 내 육신의 부귀와 명예를 위해 기도해 본 적이 없다. 30년간 매일 아침 1시간 반에서 2시간 동안 무릎을 꿇고 기도했고, 낮에도 틈만 나면 주의 이름을 부르며 기도했다. 그동안 수없이 많은 기도 응답이 있었다. 기도 응답의 간증을 《전능자의 기운이 나를 살리시고》에 실어서 출간하기도 했다.

특히 아들이 문제를 일으킨 이후로는 더욱 엄청난 강도로 주님을 찾고 또 찾으며 기도했다. 힘을 다해 부르짖어 온 내 기도에 문제가 있다고는 전혀 생각하지 않았다. 오히려 기도는 하나님과 사람 앞에서 은연중에 자랑거리였다.

이 선교사님의 메시지를 계속 듣다 보니, 문제 해결만을 위해 기도하는 것은 자기중심적인 기도가 될 수 있겠다는 생각이 들었다. 내 기도에 의문이 생기기 시작했다. 처음 갖는 의문이었다. 여러 질문이 떠올랐다.

"성경에는 병 고침을 위한 기도도 많지 않은가? 곤경에 처했을 때, 하나님 앞에 나아가 그 문제를 해결해 달라고 간절히 구한 일이 얼마나 많은가? 대적이 공격해 올 때, 다윗, 아사, 여호사밧, 히스기야 등 많은 왕이 하나님 앞에 나아가 이스라엘을 구해 달라고 기도하지 않았던가? 예수님 당시에도 많은 병자가 주께 나아와 고쳐 주시기를 구했고, 또 예수님이 그들을 고쳐 주시지 않았던가? 내 삶 속에서도 닥친 문제를 놓고 기도할 때마다 하나님이 응답해 주시지 않았던가?"

그러나 한 질문이 나로 하여금 모든 질문을 내려놓게 했다. 바로 "내 기도가 과연 예수님이 제자들에게 가르쳐 주신 주기도문에 합당한 기도인가?" 하는 질문이었다. 주기도문은 내 필요와 내 문제를 구하는 기도가 아니라 하나님의 이름과 하나님 나라를 구하는 기도요 하나님의 뜻이 이루어지기 위한 기도였다. 하나님의 뜻이 우선이고, 나의 필요는 나중이었다. 일용할 양식과 용서의 은혜를 구하면 그뿐이었다. 그러고 나서 유혹과 악에서, 즉 고난에서 건져 주시기를 기도하라고 하셨다.

문제는 순서였다. 하나님을 찬양하고, 하나님의 뜻을 구하기보다 내 문제 해결을 위주로 기도한다면, 그것은 주기도문에 합당한 기도라고 할 수 없었다. 하나님의 뜻에 합한 기도가 아니다. 하나님이 기뻐하시는 기도가 아니며, 성숙한 기도도 아니다. 결국, 내 기도는 "그런즉 너희는 먼저 그의 나라와 그의 의를 구하라 그리하면 이 모든 것을 너희에게 더하시리라"(마 6:33)라는 말씀에 합당한 기도가 아니었다.

고난에서 건져 달라는 기도에 머무는 것은 주님을 닮아가야 하는 제자들에게 합당한 기도가 아니었다. 주님은 문제 해결을 위한 기도에서 시작할 수밖에 없더라도, 반드시 하나님의 뜻을 먼저 구함으로써 성숙해지기를 원하신다는 것이 분명해졌다. 하나님의 뜻이 분명하기에 나는 더 이상 내 기도가 옳다고만 주장할 수 없었다. 하나님 앞에 두 손을 들었다.

갑바도기아에서 야간 산상 기도회를 했다. 수많은 성자들이 기도를 뿌렸던 산 중턱에서 밤하늘을 바라보며 기도하기 시작했다. 10여 년 전에 그곳에서 기도할 때는 아무 느낌이 없었는데, 그날은 달랐다. 내 기도가 주님의 뜻에 더 이상 합하지 않고, 이기적인 것임을 분명히 깨달았기 때문에 두 손을 들고 하나님 앞에 용서를 구했다. 내가 내심 자부해 왔던 기도마저 예수 그리스도의 십자가 앞에 내려놓는 순간이었다.

회개의 눈물이 흘렀다. 기도 시간 내내 울면서 했다.

다음 날 아침, 내 영혼이 새로워졌다. 마음에 알 수 없는 기쁨이 저 깊은 곳에서 솟아오르는 것을 느낄 수 있었다. 강렬하지는 않지만 분명히 유쾌한 생수였다.

> 그러므로 너희가 회개하고 돌이켜 너희 죄 없이 함을 받으라 이같이 하면 새롭게 되는 날이 주 앞으로부터 이를 것이요 행 3:19

문자로 선교사님에게 감사 인사를 전하며 용서를 구했다. 선교사님에 관해 오해했고, 그의 주장이 지나치다고 판단한 부분이 있었기 때문이었다. 선교사님도 나의 믿음이 달라졌나 하고 의구심을 품었지만, 그렇지 않은 것을 확인할 수 있어 기쁘다고 답장해 왔다. 화해가 이루어졌다.

그러자 내 몸이 회복되기 시작했다. 내 안에서 기쁨의 생수가 흘러넘치는 것을 느꼈다. 베드로가 말한 "말할 수 없는 영광스러운 즐거움으로 기뻐하는 것"(벧전 1:8)이 무엇인지 알 것 같았다. 나는 이것을 마틴 로이드 존스(Martyn Lloyd Jones)의 말을 빌려 '하나님의 미소'로 표현하고 싶다(토니 사전트, 《위대한 설교자, 로이드 존스》, IVP). 하나님이 나를 잠잠히 기뻐하시는 그 기쁨을 느낄 수 있었다. 나는 하나님의 미소를 보았고, 또 느꼈다.

어느덧 내 안에서 요한이에 대한 염려가 사라진 것을 발견했다. 신기했다. 분명히 환경은 여전히 좋지 않았다. 요한이는 지난 6개월간 전진하는 듯싶더니 곧 다시 추락할 것만 같았다. 앞으로 요한이가 3개월간 혼자 지내면, 게임에 열중할 테고, 그러면 옛날로 돌아갈 것이 뻔했기 때문이다. 그러나 복음 안에서 누리는 기쁨에 염려가 잦아들었다. 하나님을 향한 신뢰가 염려를 밀어내고 있었다. 놀랍게도 믿음이 내 마음을 주장하고 있었다. 아무리 환경이 안 좋더라도 하나님을 신뢰하고 그분께 문제를 올려 드리면, 하나님이 초월하여 역사하신다는 것을 믿게 되었다. 믿음은 내 노력으로 받는 것이 아니라 그냥 주어지는 것임을 새삼 느꼈다.

회개의 결과로, 하나님이 내 삶의 중심에 놓이게 됐다. 그야말로 내 삶의 최고봉에 주님이 서신 것이다. 위기가 승리의 축제로 바뀌었다. 오스왈드 챔버스는 하나님이 우리 삶의 위기를 어떻게 선으로 바꾸시는지에 관해 이렇게 말했다.

"하나님은 우리들의 생애에서 위기의 조성을 통하여 역사하신다. 하나님은 우리를 이끌고 하나님을 위해 우리의 최종선이 요구되는 지경에까지 몰고 가신다. 그러면 우리는 그곳에서 하나님과 다투기 시작한다. 우리의 생애 속에서 위기를 자아내시고 우리의 찬성과 반대의 결정을 내리도록 하시는 것이 하나님의 섭리이다. 위기의 순간부터 찬반의 거대한 분수령이 이루어진다. 만일 당신의 생활 한 모퉁이에서라도 위기의 적신호가 비치면 하나님께 당신의 의지를 철저히 굴복시키는 최종선까지 밀고 나아가라." /오스왈드 챔버스, 《주님은 나의 최고봉》, 기독교문서선교회, 2014, p.9

하나님이 내 삶의 최고봉이 되시자, 내 안에 하나님 나라가 임함을 느꼈다. 하나님의 통치가 일어난 것이다. 이때 진정한 의의 상태가 되며 하나님의 평강과 기쁨이 내 영혼에 흘러들어왔다. 내 안에 새로운 소망이 생겨났다.

환경은 더 이상 내게 위기가 되지 않았다. 위기가 변하여 하나님 나라의 잔치가 되었다. 절망하고 낙심하던 내 안에 찬송이 터져 나왔고, 내 안에 슬픔과 불안을 조성했던 고난이 이제는 찬송과 기쁨을 자아내는 주님의 손길이 되었다. 내 영혼이 천국 잔치를 누린 것이다.

원수는 여전히 내 가까이에 있었지만, 더 이상 나를 위협하지 못했다. 불안과 염려와 두려움을 주지 못했다. 주님이 베풀어 주신 놀라운 승리의 축제로 말미암아 나를 공격하지 못했다. 기름부음이 넘치고, 기쁨의 잔이 흘러넘쳤다. 하나님을 찾는 자들에게 주시는 좋은 것이요 상이었다.

위기가 없어져야 구원이 임하는 것은 아니다. 주님을 앙망하고, 주님께로 우리 영혼이 돌아가는 순간, 구원이 임한다. 문제가 없어져서 구원이 임하는 것이 아니다. 고난의 한복판에 구원이 임한다. 원수의 목전에서 상을 차려 주시고, 기름을 머리에 부으시는 구원 말이다.

이에 관해, 오스왈드 챔버스는 이렇게 말한다.

> "나를 앙망하라 그리하면 구원을 얻으리라(사 45:22, 개역한글) ……본문의 뜻은 "주를 앙망하면 언젠가 구원을 받게 될 것이다"라는 것이 아니고 주를 앙망하면 즉시 구원을 받는다는 뜻이다. 신앙생활에서 어려운 문제의 하나는 하나님께 마음을 집중시키는 일이다. 그런데 우리가 이 일을 어렵게 여기는 까닭은 하나님의 축복에 매달려 있기 때문이다." /오스왈드 챔버스, 같은 책, p.30

이것은 매우 어려운 메시지다. 누구나 다 하나님을 앙망하지 않는가? 그런데 어떤 사람의 앙망은 구원을 경험하고, 또 어떤 사람의 앙망에는 구원이 미루어지는가 하는 질문을 하게 되었다. 또한, 하나님의 축복을 구하는 것이 무엇이 문제인가 하는 것도 의문이었다.

내가 얻은 답은 이것이다. 주를 앙망하고 찾는 것에도 단계가 있고, 수준이 있다는 생각이 들었다. 하나님의 축복을 구하고 찾는 믿음이 있고, 하나님 자신을 구하고 찾는 믿음이 있다는 생각을 했다.

하나님의 축복을 먼저 구하는 믿음으로는 자기중심적인 믿음에서 벗어날 수 없다. 하나님을 내 문제를 해결해 주시는 분으로 제한하게 된다. 하나님의 뜻을 구하기보다는 내 문제 해결에 더 집중한다면, 자기중심의 믿음이 된다. 결국 미성숙한 신앙이라고 할 수 있다. 하나님은 미성숙한 믿음을 더 성숙한 믿음으로 성장시키기를 원하신다.

하나님은 위기를 통해 우리를 성장시키신다. 우리 삶에 찾아온 위기에는 우리 믿음을 더욱 성숙하게 하시려는 하나님의 중요한 뜻이 담겨 있다. 내 뜻보다 하나님의 뜻을 소중히 여기는 믿음으로의 성숙으로 말이다. 그때 비로소 문제를 극복할 수 있다.

자기 문제에 사로잡혀 있는 동안에는 문제를 이길 수 없다. 하나님께 맡겨 드릴 수도 없다. 하나님을 온전히 앙망할 때, 비로소 문제를 극복할 수 있다. 예수 그리스도께서 삶의 진정한 주인이 되실 때, 비로소 세상과 세상의 문제를 넉넉히 이길 수 있다.

나는 로마서 1장을 묵상하다가 복음을 새롭게 깨달았다.

> 2 이 복음은 하나님이 선지자들을 통하여 그의 아들에 관하여 성경에 미리 약속하신 것이라 3 그의 아들에 관하여 말하면 육신으로는 다윗의 혈통에서 나셨고 4 성결의 영으로는 죽은 자들 가운데서 부활하사 능력으로 하나님의 아들로 선포되셨으니 곧 우리 주 예수 그리스도시니라 롬 1:2~4

사도 바울은 "이 복음"이 "예수 그리스도"시라고 말한다. 복음은 예수 그리스도에 관한 기쁜 소식, 즉 예수 그리스도께서 곧 구세주이심을 알리는 소식이다. 또한, 복음은 예수 그리스도께서 우리 삶의 주인이 되신다는 소식이다. 십자가에 못 박혀 죽으심으로써 우리 모든 죄를 사하시고, 죽음에서 부활하셨다는 소식이다. 예수님을 믿으면, 영생을 얻는다는 기쁜 소식이다. 성령이 우리 안에 역사하시어 우리를 하나님 나라로 인도하신다는 기쁜 소식이다.

복음은 예수님에 관한 기쁜 소식이면서 동시에 하나님 나라에 관한 소식이다. 하나님 나라란 하나님이 통치하시는 영역을 의미한다.

> 좋은 소식을 전하며 평화를 공포하며 복된 좋은 소식을 가져오며 구원을 공포하며 시온을 향하여 이르기를 네 하나님이 통치하신다 하는 자의 산을 넘는 발이 어찌 그리 아름다운가 사 52:7

이사야는 좋은 소식(good news), 즉 복음은 "네 하나님이 통치하신다"는 소식이라고 가르친다. 예수님이 오신 후에는 "예수님이 통치하신다"로 바뀌어야 마땅하다. 예수님이 온 우주와 나라와 교회와 개인을 통치하신다는 소식이 복음인 것이다. 즉 예수님은 온 우주와 교회와 만유의 주인이시다.

복음은 총체적인 인생관이다. 복음은 예수님을 믿고, 구원받는다는 단순한 이야기가 아니라 인생관에 관한 이야기라는 것이다. 인생의 성패를 가르는 지침이 된다. 인생을 사

아버지가 변하면
아들이 변한다

는 가장 소중한 기술이자 지혜다. 이 지혜는 현세뿐 아니라 영원한 세계에까지 적용된다. 영원한 지혜이기 때문이다. 마틴 로이드 존스는 이렇게 말한다.

> "기독교는 모든 것을 망라하는 인생관입니다. … 기독교는 아주 의기양양하게 삶과 죽음 그리고 모든 것을 조망할 수 있게 해 주는 총체적 관점입니다. 기독교는 그저 편협하고 근시안적이며 특정 영역에 국한된 사소한 체계가 아닙니다. 기독교는 폭풍 한가운데 있어도 기뻐할 수 있게 하는 그 무엇인가입니다." /마틴 로이드 존스, 《내가 자랑하는 복음》, 복있는사람, 2008, p.31

복음 안에 참다운 인생관이 담겨 있다. 인생관에는 두 가지가 있다. 하나는 성경적인 인생관이고, 다른 하나는 세상적인 인생관이다. 성경은 믿는 자의 두 가지 인생관을 말한다. 하나는 율법적 인생관이요 다른 하나는 은혜의 인생관이다. 율법적 인생관은 자기 노력과 자기 의로 하나님의 뜻을 이루려는 것으로, 세상적인 인생관과 마찬가지로 하나님으로부터 온 것이 아니다. 인간의 눈으로 성경을 읽기에 생겨난 인생관이다. 그러므로 비성경적인 인생관이라고 할 수 있다.

    은혜의 인생관이 복음이다. 예수 그리스도를 중심으로 한 성경 말씀이 곧 복음이다. 구속의 관점에서 본 성경 말씀이 곧 복음이다. 세상의 가치관과는 구별되는 가치관이다.

> "인생관이란 무엇입니까? 분석해 보면, 결국 두 가지 관점으로 압축됩니다. 이른바 비성경적 (혹은 성경 외적) 관점과 성경적 관점입니다. 먼저 세계, 삶, 인간, 죽음, 죽음 너머의 세계 등 모든 것에 대한 중대한 문제들을 살펴봅시다. 비성경적 관점은 당연히 사색에만 기초합니다. 순전한 사색! 그저 인간의 말, 인간의 생각, 인간이 제시하는 이론일 뿐입니다. 모든 것이 이성에 기초하고 있습니다." /마틴 로이드 존스, 같은 책, p.93

    복음은 우리를 회개로 이끈다. 자신이 죄인임을 깨닫고, 통회하게 한다. 복음이 우리 죄와 어두움을 비추기 때문에 회개하지 않을 수 없게 된다. 말씀이 우리 폐부를 찔러 영혼을 수술한다. 내 안에 곪아 썩어 문드러진 부분을 도려내게 한다. 영혼이 고통스럽다. 그러나 그 고통이 우리로 하여금 하나님께로 돌아가게 한다. 하나님께 돌아감으로써 하나님과 다시 화목할 수 있다. 복음은 우리로 하여금 회개를 한 번만이 아니라 계속해서 하도록 촉구한다.

복음은 우리를 죽음으로 인도한다. 육신이 죽음에 이르게 인도한다. 영이 살기 위해서는 육신이 죽어야 한다. 세례 요한은 "그는 흥하여야 하겠고 나는 쇠하여야 하리라"(요 3:30)라고 말했다. 내가 죽어야 내 안에 주님이 사신다. 복음은 내가 그리스도와 함께 십자가에 이미 못 박힌 존재임을 말해 준다. 그럼으로써 내 안에 그리스도께서 사심을 일깨워 준다. 그리하여 "이제는 내가 사는 것이 아니요 오직 내 안에 그리스도께서 사시는 것"(갈 2:20)임을 말해 준다.

중년에 찾아온 고난을 통해, 나는 내 안에 세상적인 생각이 여전히 남아 있었다는 것을 발견했다. 아직도 붙잡고 움켜쥐는 우상이 있음을 깨달았다. 내가 염려하고 불안해한 것은 세상적인 생각과 우상 때문이었다. 또한, 내 아들이 내 우상이었음을 깨달았다. 내 삶의 중심에 예수님이 아닌 아들을 두었기에 아들에게 집착하며 염려했던 것이다. 나는 아직도 죽지 않은 자신을 죽여야 했다. 내 마음속 깊숙이 자리 잡고 있던 세상적인 생각들을 회개로 몰아내야 했다.

이번의 고난을 통해, 내 기도 생활이 가장 뚜렷하게 변했다. 고통의 기간을 지나면서, 나는 내 자랑거리였던 끊임없이 도움을 청하는 기도를 멈추었다. 그 대신 감사와 찬양의 기도를 드리게 되었다. 주님에게서 떨어지지 않으려고 매달리던 기도를 멈추고, 믿음 안에서 감사하는 기도를 드렸다. 그러자 심령이 훨씬 안정되며, 기쁨으로 기도하는 삶을 배울 수 있었다. 하나님과 좀 더 친밀해지는 기도로 들어가게 되었다.

요한이의 방황과 갈등의 여정에서, 사람의 관점에서 눈에 띄는 분수령은 요한이가 집을 나가게 된 사건이었다. 분명히 그때부터 긍정적인 변화가 시작되었다. 그러나 하나님의 관점에서 본다면, 진정한 분수령은 나로 하여금 복음을 새롭게 깨닫게 하신 때였다. 그때 이후로 하나님의 개입하심이 더욱 분명히 나타나기 시작했기 때문이다.

아버지가 변하면
아들이 변한다

아들의 영적인 진보

깨달음의 은혜는 내게만 주신 것이 아니었다. 요한이에게도 동일한 은혜를 부어 주셨다. 이로 말미암아 하나님의 일하심을 더욱 분명하게 알게 되었다.

우리 부부가 터키 단기 선교를 다녀온 후에, 요한이가 집에 왔다. 집을 나간 지 7개월 만에 온 것이다. 요한이는 자신이 겪는 어려움을 나누었다. 단기 선교 훈련에 참여하지 못한 것은 자기 잘못이라고 고백했다. 그러나 아무도 자신을 믿어 주지 않는다고 했다. 집에서도, 교회에서도 쫓겨났다며 고통스러워했다. 실제 교회에서 쫓겨난 것은 아니었지만 요한이

스스로 그렇게 생각한 것이다. 선교 훈련에서 낙오하자 교회에 다닐 마음이 없어졌다고 했다. 주변 사람들이 자신을 나쁜 사람으로 여기는 것이 고통스럽다고 했다. 그래도 가족이 있어서 다행이라고 했다.

요한이의 잘못도 있었지만, 교회에서 거절을 경험함으로써 오히려 가족에게로 돌아오는 계기가 되었다. 우리는 요한이를 위로해 주었다. 맛있는 저녁을 먹으며, 새 학기가 시작되기 전까지 일주일에 한 번씩 집에 오라고 했다. 요한이가 고마움을 표하며, 다시 독서하고 싶다고 했다. 자기 삶을 정리해 봐야겠다고 했다.

나는 C. S. 루이스의 책을 권해 주었다. 그동안 요한이를 위해 영문 책들을 주문해 놓았다. 《고통의 문제》(The Problem of Pain), 《예기치 못한 기쁨》(Surprised by Joy), 《순전한 기독교》(Mere Christianity), 《스크루테이프의 편지》(Screwtapes' Letter), 《영광의 무게》(Weight of Glory) 등을 주었다.

그다음 주에 딸 은영이가 뉴욕에서 돌아와서, 온 가족이 함께 여행을 떠났다. 이번에는 타호 호수(Lake Tahoe)로 갔다. 요한이가 출발 10분 전에 말쑥한 차림으로 왔다. 요한이와 번갈아 가며 8시간 동안 운전해서 갔는데, 가는 길이 지루하

아버지가 변하면
아들이 변한다

지 않았다. 요한이가 매우 협조적이었다. 감정적으로 편안해 보였고 많이 웃었다.

요한이는 C. S. 루이스의 책을 읽고 즐거워했다. 특히 그의 자서전인 《예기치 못한 기쁨》을 읽고, 많은 생각을 한 듯했다. 책 이야기를 나누며 매우 즐거워했다. 신앙서를 읽게 한 것은 처음이었는데 C. S. 루이스를 그렇게 좋아하다니, 추천해 준 사람으로서 매우 흐뭇했다.

2박 3일간 요한이는 감정의 동요를 보이지 않았다. 지난해 여행 때만 해도 중간에 감정 기복을 보여서 불안했었다. 그러나 이번에는 매우 피곤할 때도 감정적으로 돌변하지 않았다. 신경이 거슬릴 수 있는 말에도 화내지 않았다. 그리고 가족에게 고맙다는 말을 여러 번 했다. 가족이 함께 여행하니 감사하다고 했다.

오랜만에 가족끼리 많은 대화를 했다. 요한이는 당분간 교회에 다니고 싶지 않다고 했다. 스스로 정죄감이 들어서 다니기가 어렵다고 했다. 그리고 교회의 문제에 관한 자기 의견을 피력했다. 우리는 그의 말을 끝까지 들어주었다. 교회는 불완전한 부분도 있지만, 하나님의 영광이 분명히 있음을 말해 주었다. 그러나 스스로 결정하도록 자유를 주었다.

요한이는 이전과 확연히 다른 모습이었다. 불평불만에 가득했던 모습이 없어졌다. 다른 사람들을 욕하거나 정죄하지도 않았다. 스스로 책임지려고 노력하는 태도를 보였다. 역시 고난과 실패가 요한이를 하나님의 사람으로 계속 빚어 가고 있음을 알 수 있었다.

여행을 마친 후, 요한이는 자취집으로 돌아갔다. 돌아가는 길에 내게 전화했다. 여행 준비하느라 애써 주어 고맙다고 했다. 자신이 불편하게 한 점이 없는지도 물었다. 엄마에게도 전화해서, 자신이 무례하게 굴지는 않았는지 물으며 감사 인사를 했다. 진심 어린 인사였다. 요한이가 사려 깊은 어른이 되어 가는 것 같아 흐뭇했다.

예전을 생각하면, 기적에 가까운 놀라운 변화였다. 그야말로 하나님의 은혜. 어떻게 혼자서 방학을 보낼까, 또 게임에 빠지면 어떡하나 걱정했는데, 괜한 염려였다. 이제 더 이상 어리석은 요한이가 아니었다.

은영이가 뉴욕으로 떠나기 전날에 요한이가 작별인사를 하기 위해 저녁 일찍 집에 와서 함께 식사했다. 식사하고 나서는 최근 읽은 C. S. 루이스의 《영광의 무게》에서 배운 점을 나누었다. 교회에는 한 사람, 한 사람의 자리가 있음을 깨달았다고 했다. 그러면서 C. S. 루이스의 진리에 관한 비유에 대해 연신 감탄했다. 그의 책에서 신앙에 관한 의문점들의 답을 얻을 수 있었다고 했다. 책 속으로 빠져들어가는 경험을 했다고 했다.

요한이는 이해할 수 없는 많은 영적인 문제에 관해서는 자신이 낮은 차원에 있기 때문에 깨달을 수 없는 것일 뿐, 그것이 잘못된 것은 아니라는 것을 분명히 깨닫고 있었다. 상기된 얼굴로 하나님과 예수님과 믿음에 관한 확신을 고백했다. 나는 요한이 안에 영적인 변화가 분명하게 일어나고 있음을 알 수 있었다.

이후에 요한이는 G. K. 체스터튼(G. K. Chesterton)의 《정통》(Orthodoxy)을 읽더니 무릎을 치면서 자신은 C. S. 루이스나 G. K. 체스터튼과 사고 구조가 같은 사람이라고 말했다. 그리고 다른 사람과 어울릴 때보다 혼자 있을 때 에너지를 많이 얻는 사람임을 깨달았다고 했다. 그럼으로써 자신이 다른 사람과 다른 것을 깨닫고 자유하게 되었다고 고백했다. 나는 그 말에서 큰 안도감을 얻었다.

요한이는 내 염려가 무색하게 방학을 매우 의미 있고 충실하게 보냈다. 다시 한 번, 실패를 통해 더욱 겸손하게 하시고, 새로운 것을 깨닫게 하시는 하나님의 은혜를 깨달았다. 특별히 C. S. 루이스와 G. K. 체스터튼을 만나게 하시고, 그들의 책을 통해 지적인 영역에서 신앙을 확신하게 하심에 감사했다. 요한이는 또 한 번 고비를 넘기고, 전진해 나갔다.

아버지가 변하면
아들이 변한다

모범생이 된 아들

　　　　　　　　새 학기가 시작된 지 2주 만에 요한이가 집에 들렀다. 얼굴이 한결 밝았다. 22살 생일을 맞아 집에 왔을 때는 더욱 밝아져 있었다. 하루 종일 공부하다가 왔다고 했다. 동네로 들어오면서 맡은 공기의 냄새가 너무 좋았다고 했다. 이번 학기를 끝내면, 2주간 즐거운 시간을 가질 계획이라고 했다.

　전 과목 A를 목표로 수업을 한 번도 빠지지 않았고, 숙제도 꼬박꼬박 하고 있었다. 자기 자신을 위해 모든 것을 성실하게 하고 있었다. 수학에서 만점을 받기도 했다. 학부 평점

(GPA)을 3.5 수준으로 만들겠다고 다짐했다. 석사까지 공부하여, 전에 목표를 세운대로 Big 4 회계 법인에 들어가고 싶다고 했다. 학교에서 가르치는 신학 과목도 열심히 공부하고 있었다. 구원론, 성령론 등을 흥미롭게 배우며 믿음을 다져 갔다.

자신의 생일 파티를 준비해 준 것에 관해 고마워했다. 지난 여름 가족 여행을 다녀온 후에 요한이의 내면에 많은 변화가 있었다. 어두운 정서에서 벗어나더니 감사가 많아졌다. 삶에 대한 긍정적 자세와 희망이 있었다.

요한이도 자신이 신기하다고 말했다. 1년 전만 해도 자기 방에서 나올 줄도 몰랐는데, 이제는 밖에서 열심히 생활하고 있다고 했다. 이러한 변화의 근원이 무엇인지 궁금하다고 했다. 우리는 그것이 "은혜"라고 말해 주었다. 복음이 우리 가족 모두에게 역사하고 있음을 느꼈다.

온 가족이 모여 성탄절을 축하했다. 지난 6년간 성탄절이나 새해는 살얼음판 분위기에서 보내야 했다. 분노와 불평과 욕설이 쏟아지는 자리였다. 때로는 파괴의 현장이 되기도 했다. 요한이가 사춘기를 지나는 동안, 우리의 축하 모임은 항상 기쁨 대신에 어둠이 자리 잡곤 했다.

그러나 이날은 달랐다. 각자 선물을 마련해서 서로 나누

아버지가 변하면
아들이 변한다

었다. 특히 요한이가 가족 모두를 위해 선물을 하나씩 준비해왔다. 많이 생각하고 준비했음을 알 수 있었다. 은영이에게는 50달러짜리 최신 전자기기를, 우리에게는 25달러짜리 컵을 하나씩 선물해 주었다. 보통 컵이 아니었다. 더운물을 부으면 놀랍게도 컵 표면에 가족사진이 나타났다. 우리 모두 신기해하며 기뻐했다. 오랜만에 행복한 시간을 보냈다. 하나님이 큰 고통을 허락하시는 것은 곧 큰 평안을 주시려는 것임을 확인하는 순간이었다.

> 보옵소서 내게 큰 고통을 더하신 것은 내게 평안을 주려 하심이라 주께서 내 영혼을 사랑하사 멸망의 구덩이에서 건지셨고 내 모든 죄를 주의 등 뒤에 던지셨나이다 사 38:17

요한이가 최근에 깨달은 것을 나누어 주었다. 남보다 더 뛰어나거나 더 똑똑하게 타고나는 사람은 없다는 깨달음이었다. 어떤 사람이 뛰어나다고 하는 것은, 그가 그만큼 노력했고, 또 그렇게 할 수 있는 은혜의 조건들이 맞았기 때문이라는 것이다. 따라서 누구나 좋은 결과를 낼 가능성이 있다고말했다. 그러므로 사람을 함부로 평가하거나 정죄해서는 안 된다는 뜻으로 얘기했다. 한 학기 동안, 전 과목 A를 목표로 열심히 공부해서, 결국 이루어 낸 성취 경험을 토대로 얻은 깨달음이었다.

은영이도 학교생활을 통해 자신이 배운 교훈을 나누었다. 다른 사람을 함부로 정죄해서는 안 된다는 것을 깨달았다고 했다. 서로 다를 뿐이라는 것이다. 성경에 나와 있지 않은 것에 관해서는 규칙이나 틀을 만들어서 절대화하면 안 된다고 했다. 서로 다른 점을 인정하고, 인정받고 이해해야 한다는 점을 강조했다.

요한이도 은영이도 생각에 깊이가 생기고, 성숙해 가고 있었다. 이제 요한이는 자신의 사유를 거쳐 진리에 접근하고 있었고, 은영이도 세상을 보는 시야가 계속 넓어지고 있었다. 모두 하나님께 드린 기도의 열매였다. 주님께 감사했다. 우리 가족에게 2016년의 시작은 깜깜한 터널 같았지만, 연말이 되니 터널을 벗어나 광명한 곳으로 나와 있었다. 역전을 이루시는 하나님의 역사였다.

한 달 후, 내 생일에 요한이와 은영이가 축하 메시지를 보내 왔다.

"아빠, Happy Birthday! 난 아빠같이 좋은 아빠가 있어서 항상 감사해. 항상 좋은 본을 보여 주고, 지금까지 나랑 은영이에게 소중한 가르침을 준 거 너무 감사해. 요한이가."

◇◇◇◇◇◇◇◇◇◇◇◇◇◇◇◇◇◇◇◇◇◇◇◇

"아빠, Happy Birthday!! 아빠가 내 아빠라서 항상 감사해. 엄마 아빠가 나한테는 너무나도 좋은 부모이자 멘토이자 롤모델이기 때문에 나는 많은 것을 배우고, 훈련받아서 여기서도 사람들에게 많은 사랑을 받고 있어. 난 어딜 가도 엄마 아빠 자랑을 해. 엄마 아빠가 너무 존경스럽거든. 멀리 있으니 더욱더 감사하게 되는 것 같아. 엄마 아빠와 같은 분들이 없더라고. 딸은 아빠와 닮은 사람을 좋아하기 마련이래. 그래서 그런지 나도 아빠와 닮은 점이 많은 좋은 남자 친구를 만난 것 같아. 아무튼, 아빠가 내 아빠라서 너무 감사하고, 사랑해! 은영이가."

전진하는 아들을 보는 기쁨

관계 문제도 돌파해 가다

        요한이는 학업 성취도가 날로 높아져
갔다. 두 학기 내내 전 과목 A를 받았다. 성실함과 절제에 있
어 큰 진보를 이루었다. 그러나 다른 사람들과의 관계는 여전
히 어려워했다. 룸메이트 윌리엄과 함께 생활하는 것이 관계
의 전부였다. 그마저도 둘이 서로 최소한의 대화만 나누면서
지내는 것 같았다. 요한이는 늘 친구 없이 혼자 공부하고, 혼
자 생활했다. 학교 채플에는 참석했지만, 교회는 다니지 않았
다. 우리는 요한이가 좋은 친구를 사귀도록 계속 기도했다.

    학기 말에 윌리엄이 졸업해서 집으로 돌아가면서 요한이

아버지가 변하면
아들이 변한다

에게 고민이 생겼다. 혼자 살기에는 부담이 크기 때문에 기숙사로 들어가든지 아니면 일해서 월세의 반을 벌든지 해야 했다. 그러던 중에 그나마 학교에서 친하게 지내며 학업을 도와주던 에릭이라는 친구가 같이 살자고 제안해 왔다. 괌에서 온 에릭은 부모님 소유의 집에서 살다가 그 집을 팔게 되면서 갈 곳을 찾아야 했다. 에릭과 함께 한집에서 살게 되었고, 더 열심히 살기 위해서 택시 아르바이트를 다시 시작했다. 용돈을 벌면서 생활하게 되었다.

요한이는 친구와의 관계의 중요성을 깨달았고, 또 자신이 친구를 사귈 수 있다는 것을 확인하고 기뻐했다. 그뿐만 아니라 삶의 자신감을 얻어서 매우 행복해했다. 관계의 장벽을 뛰어넘게 된 것 같았다. 참으로 놀라운 기적이 아닐 수 없다. 하나님이 요한이를 계속해서 앞으로 나아가게 밀어주고 계셨다.

요한이가 스물세 번째 생일을 맞았다. 온 가족이 요한이를 축복하며 축하했다. 나는 긴 감사 제목을 써서 요한이에게 선물로 보냈다.

사랑하는 요한에게,

네가 세상에 태어난 지 벌써 23년이 되었구나. 이제 어엿한

성인이 되어 기쁘다. 지금까지 너를 인도해 주신 하나님께 감
사하면서 감사의 제목들을 적어 본다.

우리 집에 귀한 아들을 주셔서 감사.

건강하고 늠름하게 자라게 해 주셔서 감사.

부모와 의사소통을 잘하는 아들이 되게 해 주셔서 감사.

하나님, 예수님, 성령님을 믿는 신앙을 주셔서 감사.

어린 시절, 잘 자라게 해 주셔서 감사.

고등학교 시절, 많은 방황을 경험하게 하시고, 그것을 통해
인생의 고통을 맛보게 해 주셔서 감사.

정신적 어려움을 잘 극복할 수 있는 은혜를 주셔서 감사.

동생 은영이와 화목하게 지내게 해 주셔서 감사.

총명한 두뇌와 학업에 열심을 주셔서 감사.

자라는 동안, 가정의 필요를 넉넉히 채워 주셔서 감사.

좋은 기독교 대학교에 다니게 해 주셔서 감사.

탁월한 지성을 주시고, 독서로부터 많은 도움을 얻게 해 주셔
서 감사.

많은 기도를 받으며 살아가게 해 주셔서 감사.

때마다 좋은 친구들을 주셔서 감사.

꿈과 목표를 가지고 살아가게 해 주셔서 감사.

자기 훈련과 절제를 잘하는 삶을 살게 해 주셔서 감사.

어려움과 유혹을 이겨 나갈 강한 의지를 주셔서 감사.

좋은 아르바이트 기회를 주셔서 감사.

우버 택시를 통해 사람들을 잘 이해하고, 친절함을 배우게 해 주셔서 감사.

소원한 대로 스물세 살에 대학을 졸업하게 하실 것에 감사.

대학원도 공부하게 하시고, CPA도 따게 하실 것에 감사.

하나님이 늘 동행하시고, 인도하시고, 아름다운 뜻을 이루어 가실 것에 감사.

좋은 배우자를 허락하시고, 행복한 가정을 이루어 하나님의 뜻을 이루게 하실 것에 감사.

일평생 좋은 친구, 좋은 멘토, 좋은 책들을 허락하실 것에 감사.

이 땅에서 훌륭한 리더가 되게 하실 것에 감사.

좋은 신앙 공동체를 만나 아름답게 섬기게 하실 것에 감사.

훌륭한 예배자가 되게 하실 것에 감사.

평생 배우는 정신으로 계속 성장해 가게 하실 것에 감사.

아름다운 성품과 아름다운 일들을 통해 하나님께 영광과 찬송이 되게 하실 것에 감사.

성령의 충만함과 인도함 속에 살게 하실 것에 감사.

여러 가지 감사의 조건들을 기억하면, 감사할 게 많아진단다.

네가 내 아들인 것이 감사하고 자랑스럽다. 영혼이 잘되고,

모든 일이 잘되고 건강하기를 기도한다.

2017. 11. 12

스물세 번째 생일에

요한이를 사랑하는 아빠가

아버지가 변하면
아들이 변한다

최고의 생일 선물

내 쉰여섯 번째 생일에 요한이가 집에 왔다. 요한이는 세 학기 연속해서 전 과목 A를 받았다. 이제 남가주 대학교(USC) 경영대학원에 진학하기 위해 GMAT(Graduate Management Admission Test)를 준비했다. 공부한 지한 달 만에 GMAT를 치르고 집에 왔다. 첫 시험치고는 높은 점수였지만, 요한이가 원하는 점수에는 못 미쳤다. 그런데도 요한이는 매우 겸손한 태도를 보였다. 놀라운 것은 요한이가 계속해서 감사하고 있다는 점이었다.

요한이는 좋은 점수를 달라고만 기도하지 않았다. 자신이 알고 있는 것을 잘 기억하도록 기도했고, 만일 원하시면, 좋은 점수를 달라고 기도했다. 원하던 점수가 나오지 않아도, 하나님의 다른 뜻이 있을 것으로 생각했다. 오히려 한 번에 원하는 점수를 얻었다면, 교만해졌을 것이라고 했다. 실패를 통해 자신의 부족한 부분을 알게 되었고, 다시 도전해 보고자 했다. 나날이 성장해 가는 요한이가 기특했다. 그리고 계속해서 전진하도록 도우시는 하나님께 감사했다.

생일 케이크를 자르고 나서 요한이가 내 칭찬을 선물처럼 해 주었다.

"아빠는 늘 꾸준한 성품을 보여 주었어. 어릴 때나 지금이나 아빠를 보면, 무엇이든지 꾸준히 하고 있어. 언제나 흔들림 없는 모습을 보여 줘. 아빠는 하나님의 일을 열심히 해. 하나님께 그렇게 열심인 것을 보면, 하나님이 계신 게 분명해. 만약에 안 계시다면, 그렇게 열심일 수 없으니까. 난 아빠를 통해 하나님이 계심을 믿게 돼.

아빠가 내게 본이 되었어. 엄마 아빠는 좋은 부부의 본이야. 또 사람들과의 관계에서도 본을 보여 주지. 사람들을 착하게 대하잖아. 나도 착하다는 말을 듣는데, 아빠에게서 영향받은 덕분이야. 아빠가 사람들을 잘 대해 주는 걸 보고 자라서 그런 것 같아.

그리고 아빠가 어려운 환경을 극복하는 모습이 내게 좋은 본이 돼. 언젠가 아빠가 "내 후손에게는 가정의 어려움을 물려주지 않으려고 열심히 살았다"고 했는데, 나도 아빠처럼 어려움을 이겨 내고, 어려움을 후대에 물려주지 않으려는 마음이 있어. 아빠가 어려움을 이겨 냈다는 게 나한테는 희망이 돼. 아빠를 존경해."

그중에 아빠의 신앙생활을 통해 하나님이 살아계심을 분명히 알 수 있었다는 말이 가장 기뻤다. 그동안의 고통이 다 씻긴 듯 사라지는 것 같았다. 이것이 자녀를 키우는 보람인가 하는 생각이 들었다.

또 다른 선물이 있었다. 딸 은영이에게서 온 선물이다. 은영이가 뉴욕으로 돌아가기 전에 우리말 편지를 써서 냉장고에 붙여 놓고 간 것이다.

"아빠, 나는 아빠도 엄마도 평생 안 늙을 줄 알았나 봐. 아빠가 예전보다 깜빡깜빡 잊는 모습을 보니까 조금 찡해지더라. 아빠는 늘 내게 최선을 다하고, 최고의 것을 주려고 노력해 주는 분이야. 어렸을 때부터 힘든 환경에서 자랐을 텐데,

모든 어려움을 극복하고, 나와 오빠에게 너무나도 좋은 환경을 만들어 줘서 감사해. 우리가 꿈꾸고, 현실로 나아갈 수 있는 환경을 만들어 준 것도 너무나도 감사해. 엄마 아빠는 내게 너무나 좋은 롤모델이야. 감사해. 항상 노력하고 발전하는 우리 아빠가 존경스러워. 나는 엄마 아빠에게서 현명한 말과 행동을 보고 자랐어. 그동안 많이 응원해 주고, 투자해 줘서 감사해. 투자해 준 만큼 보람 있게 열심히 살아 볼게. 나를 믿어 준 엄마 아빠를 생각해서라도 조금 더 멀리 내다보고, 꿈을 현실로 만들기 위해 더 노력하려고 해. 아빠 말대로 꾸준히 투자한 만큼 끝에는 보람이 있을 거야. 엄마 아빠가 나와 오빠를 위해 꾸준히 기도해 준 것도 큰 보람이 될 거야. 어떤 일이든 노력하고, 열심히 살게. 무엇보다도 하나님을 내 삶의 중심으로 모시고 살게. 아빠는 내게 세계에서 최고로 훌륭한 아빠야. 존경하고 사랑합니다. 은영이 올림"

나는 눈시울이 뜨거워졌다. 이보다 더 기쁜 생일 선물이 없었다. 비록 둘 다 돈이 없어서 다른 선물을 마련하지 못했지만, 마음과 정성이 담긴 말과 편지가 내게는 너무나 소중한 선물이 되었다. 자녀 양육의 보람을 새삼 느끼게 되었다. 자녀들과 씨름한 것이 헛되지 않았음을 깨달았다. 울며 뿌린 씨들이 열매 맺어 가는 모습을 기쁨으로 바라보게 되었다. 과연 하나님은 "내가 키우리라"고 하신 약속을 신실하게 이루시는 분임을 다시 한 번 확인했다.

요한이를 위해 기도할 때, 아내와 함
께 붙든 약속의 말씀이 있다. 이사야서 말씀인데, 잠자리에
들기 전에 이 약속을 두고 함께 기도하곤 했다.

마침내 위에서부터 영을 우리에게 부어 주시리니 광야가 아름
다운 밭이 되며 아름다운 밭을 숲으로 여기게 되리라 사 32:15

하나님이 요한이에게 성령을 부어 주셔서 성령이 다스리
시는 아름다운 마음으로 변화되고, 각종 열매를 맺는 숲과 같

은 풍성한 삶을 살기를 위해 기도했다. 여러 나무가 모여 숲을 이룬다. 숲이란 교회 공동체를 가리킨다고 볼 수 있다. 이것은 회복을 위한 약속의 말씀이었다. 하나님이 우리 기도에 신실하게 응답해 주셨다. 요한이는 가족과의 관계와 학교생활과 교회생활에서 회복되어 갔다.

요한이는 2주마다 한 번씩 주일 저녁에 집에 들러 함께 식사하며 우리와 교제를 나눴다. 집에 올 때마다 그동안의 학교생활을 자세히 들려주며, 기도 제목을 알려 주고 기도를 부탁했다.

원래 요한이는 마음의 어려움을 담아 두지 못하고, 반드시 나누는 성격의 아이다. 작은 것 하나도 다 나누곤 한다. 하나님의 은혜 아래 사람들과의 관계가 회복되니 의사소통에 능하고 적극적인 성격이 되어 갔다.

주 중에도 어려운 일이 생기면, 수시로 전화해서 나눴다. 언젠가부터 엄마와 대화를 많이 나누기 시작했다. 아내가 이야기를 잘 들어주고, 격려를 잘해 주기 때문이었다. 아내는 뉴욕에 있는 딸 은영이와도 자주 통화했다. 은영이도 자신의 삶을 자세히 나누었는데, 울기도 하고 웃기도 하면서 마음이 가벼워질 때까지 통화하곤 했다. 아내는 이런 과정을 통해 두 아이를 신앙의 길로 이끌었다. 가정에서 자녀를 제자로 삼는 사역을 하는 것이다. 두 자녀가 모두 엄마 말을 잘 듣는다. 특히 요한이가 신앙 이야기에 관심이 매우 높아졌다. 참으로 놀라운 일이다.

요한이는 남가주 대학교 경영대학원에 진학하기 위해 준비했는데 그곳은 회계학 분야에서 서부 최고의 명문으로 알려진 학교다. 마지막 학기에는 여섯 과목을 공부하면서, 동시에 대학원 준비를 했다. 얼마나 열심히 했는지, 마지막 학기에도 전 과목 A를 받고, 원하던 대학원에 합격했다.

불과 2년 반 전만 해도 요한이가 대학을 졸업한다는 것은 꿈만 같은 일이었다. 대학원은 생각할 수도 없었다. 그런데 결국 모두 현실이 되었다. 하나님이 놀라운 일을 이루신 것이다. 요한이가 대학원에 합격하고 나서 "하나님의 은혜"라는 말을 부쩍 자주 했다. 스스로 열심히 노력했지만, 하나님의 도우심이 없었다면 불가능한 일이었음을 인정한 것이다.

대학원 합격 통지서를 받은 요한이가 2주 후부터 교회에 나가겠다고 선언했다. 그리고 자기 말을 지켰다. 교회를 떠난 지 2년 만에 돌아왔다. 요한이는 이렇게 말했다. "어려서는 엄마 아빠가 교회에 가라고 해서 다녔지만, 이제부터는 내가 스스로 하나님을 알기 위해서 가는 거야."

바이올라 대학교에서는 학기마다 신학이나 성경 과목을 두 과목씩 가르친다. 신학 과목과 교회생활을 통해 요한이가 영적으로 점점 더 깊이 깨달아 가는 모습을 보았다. 하나님이 그 마음에 성령으로 역사하고 계심을 알 수 있었다. 예전에는 자기 자신에게만 집중하던 아이가 어느덧 다른 사람에게도 관심을 기울이는 마음을 갖게 되었다. 하나님의 사랑을 경험하면서 사람들과의 관계도 차츰 넓어지며 깊어져 가고 있다.

아내와 내가 붙든 약속의 말씀(사 32:15)처럼 광야 같던 요한이의 마음이 조금씩 그러나 분명하게 아름다운 숲을 이루는 성숙한 마음으로 변해 가고 있다. 숲과 같은 교회 공동체에서 신앙생활을 잘해 나가고 있으니 대견하다. 우리 하나님은 참으로 약속을 신실하게 이루시는 분이다.

비로소 부모의 역할을 배우다

나는 요한이가 대학원에 합격하고, 교회로 다시 돌아온 날을 내 인생의 한 매듭이 지어진 순간으로 삼고 싶다. 이날은 2010년 가을부터 우리 가정에 불어 닥친 어두움이 사라졌음을 선포하는 날이었다. 나는 하나님께 감사와 찬송을 올려 드렸다.

하나님은 과연 재앙을 평안으로 바꾸시는 분입니다.
하나님은 신실하게 약속을 이루시는 분입니다.
네 자녀를 구원하리라 약속하시고 이루셨습니다.
큰일을 행하겠다고 약속하시고 이루셨습니다.

광야가 아름다운 밭이 되며, 아름다운 밭이 숲으로 여기게 되리라고 약속하시고, 그것을 이루고 계십니다.

하나님은 과연 기도에 응답하시는 분입니다.

하나님은 슬픔을 바꾸어 기쁨이 되게 하시는 분입니다.

하나님은 역전의 하나님이십니다.

하나님은 모든 것을 섭리하십니다.

하나님은 선하십니다.

하나님의 계획은 언제나 선하고 아름답습니다.

하나님은 때에 따라 만물을 아름답게 하십니다.

하나님은 나의 변화와 성장을 위해 고난을 주십니다.

주님께 더욱 가까이 나아가게 하십니다.

복음을 더욱 분명히 깨닫게 하십니다.

주님을 더욱 신뢰하게 하십니다.

하나님은 고난을 통해 나의 기도를 바꾸십니다.

간구 위주의 기도를 감사 위주의 기도로 바꾸게 하십니다.

하나님은 고난을 통해 나로 하여금 더 낮아지게 하시고, 긍휼을 배우게 하십니다.

하나님은 내가 인간의 연약함을 더욱 잘 이해하게 하십니다.

하나님이 우리 가정을 이끄시는 주인임을 알게 하십니다.

하나님은 자녀를 키우시는 진정한 아버지입니다.

나를 먼저 바꾸고, 자녀를 바꾸기를 원하십니다.

하나님은 고난을 인내와 연단의 기회로 삼으십니다.

하나님은 고난 속에서 소망을 창조하시고, 그 소망을 확실하게 하십니다.

하나님은 물과 불을 통행하게 하시고, 나를 풍부한 곳으로 인도하시는 분입니다.

하나님은 잠시 징계하시어 얼마간 슬프게 하시기도 하지만, 연단 받은 후에는 의와 평강의 열매를 맺게 하시는 분입니다.

하나님은 자신에게 의뢰하는 자에게 반드시 승리를 주십니다.

하나님은 고난에서 우리를 건져 주시는 분입니다.

하나님은 우리로 하여금 역전을 이루게 하십니다.

하나님은 내 평생에 선하심과 인자하심으로 나를 선대하셨으니 내가 여호와 하나님만을 영원토록 찬양하겠습니다. 예수님만을 따르겠습니다. 성령님과 동행하겠습니다.

하나님이 고난을 통해 나를 새롭게 하시고, 믿음을 새롭게 하셨다. 유진 피터슨(Eugene Peterson)의 말이 내 심정을 대변해 준다.

아버지가 변하면
아들이 변한다

"(자녀의) 청소년기는 중년의 부모들에게 주시는 하나님의 선물입니다." /유진 피터슨, 《거북한 십대, 거룩한 십대》, 홍성사, 2002, p.14

이 선물 안에 소중한 것들이 들어 있었다. 50대 초반에 시험을 겪으면서, 나는 부모의 역할을 비로소 배웠다. 내 아들과 딸을 더욱 이해하게 되었다. 그러나 더 소중한 것은 하나님을 더욱 깊이 신뢰하게 되었다는 것이다. 그것이 내게 가장 큰 선물이었다.

불같은 고난 속에 감춰진 은혜

　　　　　돌아보니 나의 50대의 시작과 중간은
격동의 세월이었다. 우리 가정은 아들의 사춘기 방황과 함께
폭풍우를 통과해야 했다. 때로는 불 시험과도 같았다. 때로는
도저히 빠져나올 수 없을 것 같은 깜깜함이었다.

　지금은 어느덧 잔잔한 호수 위를 지나는 것만 같다. 밝은
빛 가운데 걸어가는 기분이다. 고난에 끝이 있구나 하며 하나
님께 감사하고 있다. 이번에도 나의 고난은 근 7년 만에 끝이
났다. 내 인생 대부분의 고난은 나를 괴롭혔지만, 고난 속에
는 어김없이 하나님의 은혜가 담겨 있었다.

모든 은혜의 하나님 곧 그리스도 안에서 너희를 부르사 자기의 영원한 영광에 들어가게 하신 이가 잠깐 고난을 당한 너희를 친히 온전하게 하시며 굳건하게 하시며 강하게 하시며 터를 견고하게 하시리라 벧전 5:10

고난은 선물을 머금고 있다. 중년에 찾아온 고난 속에도 특별한 선물이 담겨 있었다. 그 선물이 많은 변화를 가져왔다. 나는 아들의 변화를 간구했지만, 정작 하나님의 관심은 내 변화에 있음을 알았다.

중년의 위기가 내게 소망이라는 은혜를 가져다주었다. 고난 앞에서 간절히 부르짖을 수밖에 없었지만, 하나님이 그 부르짖음을 들으시고, 소망이라는 선물을 주셨다. 소망 덕분에 나는 말씀 안에서 아들의 장래에 관한 아름다운 그림을 그릴 수 있었고, 그것을 바라보게 되었다.

소망은 고난 속에서 구원을 기대하게 했다. 중보기도의 응답을 간절히 바라보게 했다. 내가 다른 사람을 위해 드리는 기도가 과연 응답되는지를 알고 싶었다. 과연 내 기도가 한 영혼에 생명을 불어넣는 일에 기여가 되는지 확인하고 싶었다. 간절히 기대하고, 또 기대했다.

빼앗은 자로부터 자녀를 구원하시겠다는 약속의 성취를 바라봤다(사 49:24, 25). 포로에서 돌아오게 하는 큰일을 이루겠다는 약속의 성취를 기대했다(시 126:3). 하나님께서 내게 주신 은밀한 음성 "내가 키우리라"는 약속이 현실이 되는 것을 보고 싶었다. 지금 돌아보니 그 약속들이 다 성취되었음을 보게 된다. 물론 여전히 성취의 과정에 있기는 하다.

고난을 통해 하나님이 내게 주신 또 하나의 은혜는 복음에 관한 새로운 이해와 확신이다. 복음은 예수 그리스도께서 주가 되신다는 복된 소식임을 다시금 깨달았다. 내 인생의 주인이 바로 예수 그리스도이심을 경험을 통해 더 확실히 깨달았다. 예수님이 내 삶을 다스리신다는 메시지가 바로 복음이다. 복음은 그리스도의 죽으심과 부활에 관한 소식이다. 예수 그리스도를 믿고, 신뢰할 때, 그 통치하심 아래 들어가게 된다. 복음은 나로 하여금 고난을 통해 주님의 죽으심과 부활을 경험하게 한다.

복음에 대한 새로운 깨달음은 기도의 변화를 가져왔다. 나는 하나님을 찾는 것을 자랑해 왔고, 은연중에 자랑으로 삼아 왔다. 예수님을 믿고 나서부터 내내 주님의 도우심을 구하고, 또 구했다. 이른 아침에도, 한낮에도, 한밤중에도 주님의

아버지가 변하면
아들이 변한다

이름을 구했다. 나를 도와달라는 신호였다. 그러나 복음의 새로운 깨달음이 주님께 매달리기만 하는 기도를 내려놓게 했다. 신뢰 없이 간구만 하는 기도는 나 중심의 기도일 수 있다는 것을 깨달은 것이다.

물론, 기도의 기초는 구함이라는 것이 사실이긴 하지만, 초보 단계의 기도에서 벗어날 때가 된 것이다. 성령이 내 기도를 간구 중심에서 감사 중심으로 바꾸어 주셨다. 감사에는 찬양이 포함된다.

기도의 변화가 고난으로 인해 내게 일어났던 외형적 변화 가운데 가장 뚜렷한 것이다. 30년 만에 내 기도가 요청에서 감사로 바뀌었다. 숨 막히도록 간구하던 기도를 멈추었다. 그 대신에 주님의 은혜에 감사하는 것으로 바꾸었다. 그러자 신 앙생활에 여유가 생기고, 풍요로움이 나를 찾아왔다. 물론 순서만 바뀐 것이지 계속 간구의 기도를 드린다.

감사는 영혼의 축제를 열어 주었다. 예배가 무언지를 깨닫게 해 주었다. 하나님을 향한 신뢰와 감탄이 예배의 핵심 요소임을 알게 해 주었다. 나는 하나님의 아름다움을 사모하는 예배를 드리게 되었다. 하나님의 아름다움은 부활과 승리의 아름다움이다. 십자가의 죽음은 부활의 아름다움을 경험하게 한다. 울며 씨를 뿌리면 기쁨의 열매를 거두게 됨을 확인했다. 즉 믿는 자에게 고난의 결국은 기쁨인 것이다.

중년의 위기가 가져온 또 다른 선물은 사람을 사랑하는 일에 최선을 다하는 정신이다. 하나님을 의지하는 가운데 내가 해야 할 수고와 섬김과 사랑을 최선으로 감당하는 것이다. 요한이를 도우면서 가능한 모든 것을 했다. 상담을 받기도 하고, 요한이도 상담을 받게 했다. 때로는 책을 읽게 하려고 애썼다. 일하도록 훈련시키기도 했다. 부드러운 사랑과 함께 거친 사랑을 실천하기도 했다. 집에서 아들을 내보내는 일까지 해야 했다.

그 모든 사랑의 수고가 은혜였다. 하나님의 은혜 가운데 이루어진 일들임을 깨닫는다. 하나님께 맡기는 것과 함께 그때그때 주신 은혜를 따라 최선을 다하는 것이야말로 하나님의 뜻을 온전히 이루어 내는 길임을 알게 되었다.

> 28 우리가 그를 전파하여 각 사람을 권하고 모든 지혜로 각 사람을 가르침은 각 사람을 그리스도 안에서 완전한 자로 세우려 함이니 29 이를 위하여 나도 내 속에서 능력으로 역사하시는 이의 역사를 따라 힘을 다하여 수고하노라 골 1:28, 29

또한, 하나님은 나로 하여금 사랑하는 기술을 배우게 하셨다. 그리고 사람을 더욱 이해하게 하셨다. 다른 사람의 말을 경청하는 법을 가르치시며, 희생하고 섬기는 법을 가르쳐 주셨다. 사람은 하나님을 의뢰하는 가운데 집중적인 관심과 사랑을 기울임으로써 변화됨을 깨달았다. 하나님은 하나님의 일을 행하시며, 사람은 계속해서 선을 행하고, 사랑을 행해야 함을 배웠다. 하나님이 문을 여실 때까지 나는 최선을 다해 선을 행했다. 그러자 어느 지점에서 내가 돕는 영혼에게 놀라운 변화가 일어남을 확인했다.

하나님은 과연 선하신 분이다. 고난으로 하여금 합력하여 선을 이루게 하시는 분이다. 아들이 스스로 자기 신앙을 고백하기 전에 하나님이 아들 안에서 이미 일을 시작하시고 또 그 뜻을 이루어 가고 계셨다. 이것이 곧 하나님의 은혜다.

에필로그

엄마의 고백

결혼 후 남편은 하나님 다음으로 아내를 가장 많이 생각하고, 사랑한다고 말해 왔습니다. 그런데 아들이 사춘기가 되자, 남편은 아들을 가장 많이 생각하고, 아들의 문제에 온 정신을 쏟았습니다. 남편과 나의 대화 대부분은 아들의 상황을 묻고 나누는 것이었습니다. 남편이 아버지의 역할을 감당하려고 자신의 성향을 거스르며 죽을 각오로 노력하는 것을 옆에서 지켜보면서 나는 마음을 많이 졸이기도 했습니다. 남편이 늦게나마 포기하지 않고, 아들을 위해 최선을 다해 준 것에 감사와 존경을 표하고 싶습니다.

우리 아들과 딸은 연년생입니다. 아들은 아기로서 어리광을 충분히 부리지 못한 채로 오빠가 되었습니다. 자라는 동안 어린 아들에게 오빠로서 행동할 것을 요구해 왔다는 것을 깨닫습니다. 책임감 있는 남자로 키우고자 하는 마음 때문이기도 했습니다. 아들은 어려서부터 장난꾸러기였고, 기발한 장난으로 동생을 괴롭히곤 했습니다. 그래서 딸보다 아들이 자주 혼났습니다. 어릴 적에 아들은 "잘못했습니다. 이제 안 하겠습니다" 같은 말을 자주 해야 했습니다. 그러고는 10분도 채 지나지 않아 똑같은 행동을 반복했습니다.

그런 아들을 훈육하는 것이 내게는 너무나 힘들었습니다. 그때 상담을 받아 어린 아들을 도와줬어야 했는데, 못했다는 아쉬움도 있습니다. 당시 우리 부부는 문제를 심각하게 인식하지 못한 채로 힘들어하기만 했습니다.

나는 산부인과 간호사로 일하면서도 엄마와 아기의 결속이 중요하다는 사실은 미처 몰랐습니다. 그동안 공부해 온 심리학이나 정신과 과목에서는 미처 다루지 않은 부분이었기 때문입니다. 현대 심리학은 무엇보다도 엄마와 아기의 결속을 매우 중요시합니다. 이전에는 출산 후에 엄마와 아기를 산과 병동과 신생아 병동으로 각각 분리하여 간호했지만, 지금은 아기가 태어나자마자 수건으로 아기를 대충 닦은 후에 엄마 품에 안겨 줍니다. 그리고 출산 후 6시간이 지나서야 아기를 목욕시킵니다. 예전과 달리, 엄마와 아기가 한 방에서 생활하게 합니다.

어릴 적에 아들과 엄마가 충분히 결속하지 못해서 그랬는지, 우리 아들은 유독 엄마에게만 매달리며 엄마를 독차지하려고 했습니다. 초등학교 다닐 때까지도 내가 딸아이에게 웃어 주면, 왜 자기한테는 웃어 주지 않느냐며 질투하곤 했습니다. 딸보다 아들이 예민하고, 욕심 많고, 총명한 탓에 자신도 힘들고, 부모도 힘들게 한다고만 생각했습니다. 하지만 겉보기에 아들이 밝게 자라는 것 같아서 아들의 무의식 속에 상처가 있으리라고는 생각도 하지 못했습니다.

그러나 사춘기 아들의 상상을 초월하는 방황을 겪으면서도 내가 평안할 수 있었던 것은 하나님의 말씀이 순간순간 나를 붙들어 주셨기 때문입니다. 아들을 위해 기도할 때, 처음 주셨던 말씀이 시편 126편 말씀이었습니다.

여호와께서 우리를 위하여 큰일을 행하셨으니 우리는 기쁘도다
시 126:3

나는 이 말씀을 붙들고, 저녁을 금식하며 기도했습니다.

40일째 되었을 때, 아들이 책을 통해 자신이 탕자임을 깨닫고는 하나님 앞에 회개했습니다. 또 한밤중에 마리화나를 몰래 피우다가 하나님의 사자가 목을 조르는 것을 경험하고 회개하며 약을 끊었습니다. 그 후에도 아찔한 순간이 여러 번 있었지만, 시편 126편 말씀을 묵상하며 기도했고, 내 눈을 주님께 고정하여 큰일을 이미 이루신 모습을 바라봤습니다.

아들이 화를 이기지 못하고, 주먹으로 냉장고를 쳐서 새끼손가락이 부러져 응급실에 간 적도 있습니다. 어느 날 밤에는 팔뚝에 갈매기 네 마리를 문신해서 돌아왔는데, 나중에 그 문신을 지워 달라고 해서 몇 번에 걸쳐 지우기도 했습니다. 그래도 깨끗이 지워지지 않아서 그 위에 다른 문신을 해서 덮겠다고 했습니다. 결국, 아들의 팔뚝에는 야곱과 천사가 씨름하는 그림이 새겨져 있습니다. 하나님이 선택하게 하신 그림입니다. 언젠가 아들은 자신이 야곱 같다고 말하기도 했습니다.

운전을 혼자서 쉽게 배운 아들이 차를 몰고 다니기 시작했습니다. 험악하게 몰아서 사고를 몇 번이나 내서 벌금도 많이 냈습니다. 그 덕분인지 나중에 우버 택시 아르바이트를 했는데, 부드럽고 편안하게 운전하는 모범 기사가 되었습니다.

나와 남편은 자녀의 의견을 최대한 존중하려고 힘썼으며, 신앙 외에 학교 공부나 나머지 것들에 관해서는 자녀의 의견을 존중하는 편이었습니다. 단지 가족 예배와 신앙생활에는 우선순위를 둘 것을 가르쳤습니다.

우리 부부는 어려움 가운데서도, 아들의 방황이 한번은 겪어야 할 과정이라면 일찍 겪는 게 낫고, 부모와 함께 있을 때 겪는 게 낫다고 생각했습니다. 주위에서 결혼했거나, 나이 사십이 넘어서도 부모에게서 독립하지 못하고 게임에 빠져 사는 남자들을 봤기 때문입니다. 감사하게도 우리 아들은 실패를 거듭하면서도 스스로 깨달아 갔습니다. 많은 돈과 시간을 낭비했지만, 아들 인생에 뚜렷한 나침반이 될 경험을 얻었습니다.

아들의 독립을 위해, 부득이하게 집에서 내보낸 뒤에 나는 우울증을 앓고 있던 아들이 혹시 자살이라도 하면 어떡하나 하는 두려움에 목이 조여 오는 것만 같았습니다. 하나님을 믿는다고 하면서도 두려움에 떠는 자신을 보며, 하나님 앞에 나의 믿음 없음을 고백하고 인정할 수밖에 없었습니다.

나는 금식하며 하나님께 도움을 청했고, 기도하며 이사야서를 읽어 내려갔습니다. 한 말씀이 내 가슴에 와 닿았고, 두려울 때마다 그 말씀을 묵상하며 기도했습니다.

> 2 보라 하나님은 나의 구원이시라 내가 신뢰하고 두려움이 없
> 으리니 주 여호와는 나의 힘이시며 나의 노래시며 나의 구원이
> 심이라 3 그러므로 너희가 기쁨으로 구원의 우물들에서 물을 길
> 으리로다 사 12:2~3
>
> Surely God is my salvation; I will trust and not be afraid The
> LORD, the LORD, is my strength and my song; he has become
> my salvation Is 12:2~3; NIV

사흘쯤 지나자 내 마음에 평안이 찾아왔습니다. 하나님이
아들을 지켜 주실 것이라는 확신이 들었습니다. 그리고 이사
야 32장 말씀을 가지고, 아들을 위해 더욱 기도하게 하셨습
니다.

> 마침내 위에서부터 영을 우리에게 부어 주시리니 광야가 아름
> 다운 밭이 되며 아름다운 밭을 숲으로 여기게 되리라 사 32:15

지금은 아들을 보면, 성령이 아들에게 절제의 은사를 주

셨다는 생각이 듭니다. 그토록 자기가 한 말도 지키지 못하고, 절제하지 못했던 아들이 이제는 철저한 절제력으로 성실하고도 탁월하게 살아가는 것을 보면, 그야말로 기적을 보는 것 같고 모두가 하나님의 은혜임을 고백하게 됩니다.

하나님이 딸에게는 지혜의 은사를 주셨습니다. 오빠를 믿어 주고, 이해하려고 애쓰는 딸에게 감사합니다. 딸도 오빠로 인해 상처를 받기도 했지만, 고등부 수련회에 가서 성령의 비를 체험하고 나서 오빠를 용서하고 자유로워졌습니다. 특별한 어려움 없이 공주처럼 자란 딸이 오빠 덕분에 겸손해지고 마음이 더 넓어졌습니다.

아들 덕분에 남편은 내면에 잔재해 있던 우울증을 완전히 치유 받고, '두려움'을 극복해 낼 수 있었습니다. 나는 하나님보다 앞서지 않고, 인내하며 믿어 주는 훈련과 잔소리 대신에 칭찬과 믿음의 말을 하는 법을 배웠습니다.

아들은 집을 나간 2년 반 동안, 계속 성장하며 전진해 가고 있습니다. 스물세 살에 대학을 졸업하기를 기도했는데, 이제 기도한 대로 졸업하고, 유수한 대학원에 입학하게 되었습니다. 오랫동안 떠나 있던 교회에도 돌아와 교회생활을 회복했습니다.

아들은 마음에 어려움이 생길 때면, 엄마나 아빠에게 전화해서 자세한 이야기를 들려주며 상의합니다. 그리고 스스로 문제를 해결해 갑니다. 그때그때 감정을 잘 나눔으로써 건강하게 자신의 일에 집중하는 아들을 보니 감사합니다. 2주에 한 번씩 집에 와서 함께 밥을 먹고, 음식을 싸 가지고 가서 스스로 식사를 해결하고, 절약하며 생활하고 있습니다.

되돌아보니 모든 것이 하나님의 섭리와 주권 아래 하나님이 허락하셨던 시간이요, 우리 가족을 하나님의 가정으로 빚어 가시는 사랑이었음을 고백하게 됩니다. 누구와도 비교할 수 없는, 사랑스러운 아들과 딸을 우리 부부에게 맡겨 주신 하나님께 감사합니다.

우리 부부는 아들로 인해 어려움을 겪으면서 비로소 주위 청소년들을 보게 됐습니다. 남편이나 나나 겪어 보지 않아서 몰랐던 청소년의 어려움과 문제들을 알게 되었고, 보게 되었습니다. 청소년을 둔 부모에게 마음에 짐이 느껴졌고, 안타까운 마음이 들어서 그들을 돕고 싶었습니다. 우리보다 더 심한 고통을 겪으면서도 해결할 길을 찾지 못해 덮어 놓고 지내다가 더 큰 어려움에 부딪히는 가족이 많다는 것을 알았습니다. 우리 아들을 생각하면, 노출하고 싶지 않은 가족사이지만, 그들을 위해 우리 경험을 나누어야겠다는 생각을 했습니다.

무엇보다도 하나님의 은혜가 있어서, 부모가 기도하자 필요한 상담가를 만나게 해 주셨고, 자녀를 끝까지 사랑할 힘을 주셨다고 생각합니다. 포기할 줄 모르는 강한 사랑만이 자녀를 문제로부터 구출할 수 있다고 생각합니다. 사춘기를 겪고 있는 자녀의 부모에게 조금이나마 도움이 되고, 소망이 되기를 바라는 마음으로 우리 가족 이야기를 공개했습니다. 남편이 그때그때 일기로 기록해 놓은 내용이라 더 사실적이며, 실제적인 도움을 줄 수 있으리라 생각합니다. 부모에게는 자식이 어려움을 겪는 것보다 더 큰 고통이 없음을 알기에 어려움 중에 있는 많은 부모에게 이 책이 위로가 되고, 소망이 되었으면 좋겠습니다.

LA에서 오영례